Über die Anfänge des Denkens –
Kognition und Siedlung

Lars Hennings

# Über die Anfänge des Denkens – Kognition und Siedlung

## Soziologie der Steinzeit – von der Höhlenmalerei zum Göbekli Tepe

PETER LANG

**Bibliografische Information der Deutschen Nationalbibliothek**
Die Deutsche Nationalbibliothek verzeichnet diese Publikation in der Deutschen Nationalbibliografie; detaillierte bibliografische Daten sind im Internet über http://dnb.d-nb.de abrufbar.

ISBN 978-3-631-84658-2 (Print)
E-ISBN 978-3-631-85619-2 (E-PDF)
E-ISBN 978-3-631-85620-8 (EPUB)
E-ISBN 978-3-631-85621-5 (MOBI)
DOI 10.3726/b18481



Peter Lang – Berlin · Bern · Bruxelles · New York · Oxford · Warszawa · Wien



Diese Publikation wurde begutachtet.

www.peterlang.com

# Zusammenfassung

Aus Sicht einer interdisziplinären Soziologie wird für die jüngere Steinzeit (Jung-Paläolithikum) in Westeuropa und dem Nahen Osten die Entwicklung von Kognition und Sprache untersucht. Von der Höhlenmalerei über Kleinskulpturen bis hin zu Flöten zeigt sich mit Beginn dieser Epoche ab vor 40.000 Jahren eine neue Qualität der Kommunikation, die aus Zeichen und Gebärden erst langsam die Sprechsprache entstehen lässt. Dies geschieht primär in wildbeuterischen Siedlungen, in denen Regeln des friedlichen Zusammenlebens begründet werden müssen. Als Endpunkt dieser Entwicklung führt der Blick zum Geistigen Zentrum am Göbekli Tepe in Anatolien als erste, noch wildbeuterische Hochkultur.

Nach Hinweisen auf die prozessorientierte Methode einer historischen Soziologie werden drei Typen des Homo sapiens des Jung-Paläolithikums vorgestellt: Ältere und Jüngere Wildbeuterinnen sowie die Sozial-differenzierte wildbeuterische sesshafte Gemeinschaf, die das Geistige Zentrum planen und errichten konnte, weil sie offensichtlich patriarchal, arbeitsteilig und hierarchisch strukturiert war. Die zentralen männlichen Götterfiguren in den Kreisbauten dort symbolisieren das; ähnliches gilt für den Turmbau von Jericho.

Dagegen begannen vor 40.000 Jahren sehr schlicht organisierte und denkende Leute die Höhlenmalerei und Schnitzerei. Das belegen die noch sehr einfachen Artefakte, die die Archäologie vorlegt. Da die Schädelform bei Homo sapiens erst vor 35.000 Jahren ihre heutige Kugelform erreichte, wurde es umso nötiger, die ersten Jahrtausende als besondere, frühe Form der Kompetenz zu untersuchen.

Die interdisziplinär angesprochenen Forschungszweige: Historische Soziologie (Prozess); Archäologie; Entwicklungspsychologie (historische Onto- und Phylogenese); Anthropologie; Neurologie (Präfrontaler Kortex; Sprachzentren; Gedächtnis; abweichendes Verhalten); historische Bewusstseinsforschung; Epi-Genetik; Linguistik (historischer Spracherwerb; prozessuale Logik); Mythenforschung

# Abstract

From the point of view of an interdisciplinary sociology, the development of cognition and language is examined for the younger Stone Age (Late Paleolithic) in Western Europe and the Near East. From cave paintings to small sculptures and flutes, a new quality of communication emerges with the beginning of this epoch from 40,000 years ago, which only slowly allows speech language to develop from signs and gestures. This happens primarily in settlements of collectors and hunters, where rules of peaceful coexistence have to be established. As the end point of this development, the view leads to the Spiritual Center at Göbekli Tepe in Anatolia as the first, still collecting and hunting advanced civilization.

Especially the subjects archaeology, developmental psychology, neurology, linguistics are consulted in this regard. After references to the process-oriented method of a historical sociology, three types of Homo sapiens of the Late Paleolithic are presented: Older and Younger collectors and hunters, as well as the Socially-differentiated community, which was able to plan and establish the Spiritual Center because it was because it was obviously patriarchal, based on the division of labour and hierarchically structured. The central male figures of gods in the circular buildings there symbolize this; something similar applies to the Tower of Jericho.

In contrast, very simply organized and thinking people started cave painting and carving 40,000 years ago. This is evidenced by the still very simple artifacts that archaeology presents. Since the shape of the skull in Homo sapiens reached its present spherical shape only 35,000 years ago, it became all the more necessary to study the first millennia as a special, early form of competence.

# Inhaltsverzeichnis

*Modell-Fotos: Göbekli Tepe* Anlage D

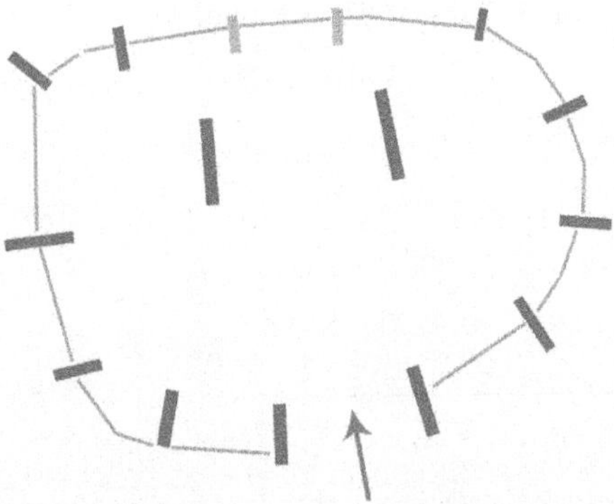

*Göbekli Tepe*: Anlage D; Bau ca. vor 11.500 Jahren; System-Modell Aufsicht; Dunkelgrau = Pfeiler, Hellgrau = vermutet; dünne Linie = ungefähre Innenbegrenzung mit Mauer und „Sitzbank"; Pfeil = Mauer mit Einstieg. Der Pfeiler rechts vom Türfeld ist etwas grösser. Die Wände erreichten wohl die Pfeilerköpfe. Die Stelen waren nicht so scharfkantig wie im Modell.

## *Einführung*

Als Homo sapiens vor 40.000 Jahren von Afrika kommend das westliche Eurasien erreicht,[1] entstehen von den Pyrenäen bis zur Schwäbischen Alb bald kleine Skulpturen, Flöten und frühe Höhlenmalereien. Langsam ändern sich auch die Werkzeuge, die bis dahin noch denen der Frühmenschen ähneln; Homo erectus und neanderthalensis sterben beide zu dieser Zeit aus. Zusammen mit einer komplexen Zeichen- und Gebärdensprache verweisen diese neu erworbenen Fähigkeiten auf eine erweiterte Qualität der Kommunikation. Die erst kürzlich von der Archäologie und den mit ihr verbundenen Wissenschaften gemachten Entdeckungen, (1) Sapiens existiere bereits seit 300.000 Jahre mit der hohen Stirn und dem dahinterliegenden relativ großen Präfrontalen Kortex, mit dem das Soziale intensiver zu koordinieren war, sowie (2) die endgültige Form des Hinterkopfes unserer biologischen Art/ Spezies sei erst vor 35.000 Jahren ausgebildet worden, mag für diesen Schub in der Kognition mit ursächlich gewesen sein, die seither durch besondere Lernfähigkeit humanes Leben prägt.

Eine der zu behandelnden Thesen ist, ob und dann wie die Strukturen unseres Gehirns sich noch während der 30.000 Jahre des Jung-Paläolithikums biologisch veränderten, um von recht groben Wahrnehmungen der Umwelt hin

---

1 Dieser Text ist die Darstellung einer soziologischen Analyse des Jung-Paläolithikums als Aufzeigen eines Forschungskonzepts. Sie findet sich komplett im Band: Anfänge des Denkens #3c..., den: Materialien; erste Einführung: Von der Höhlenmalerei zur Hochkultur am Göbekli Tepe...; die darin genutzten Begriffe Fünfjährige und Paranoia fallen weg; s. Materialien.

zu differenzierteren Erkenntnissen gelangen zu können, wie ebenso von noch sehr einfachen Werkzeugen zu komplexeren. Eine wichtige Metamorphose des Gehirns entsteht erst langsam während dieses Prozesses am Beginn jener Epoche, als sich aus dem Denkenkönnen der Zeichen- und Gebärdensprache die neue Fähigkeit zur Kommunikation entwickelt und das Erwerben der Sprech-Sprache bereits vorhandene Neuronenkerne unseres Gehirns zu den heute als Sprachzentren bekannten Funktionsbereichen wandeln. Nicht die Gebärde wird zur Sprech-Sprache, sondern deren kognitive Grundlage verbindet sich mit der reflexiv werdenden Lautbildung, die zudem vom Kehlkopf aufrecht lebender Menschen abhing.

Wir blicken in den frühen Jahrtausenden des Jung-Paläolithikums für Sapiens offenbar auf eine ganz besondere Entwicklungsphase, in der mehrere kognitive Erweiterungen zusammenkamen. Lernfähigkeit und vielleicht das Gedächtnis wurden gestärkt, die für die Kognition und eine elaborierte Gebärdensprache, also für die neue Qualität der Kommunikation elementar waren. Die simplen archäologischen Funde von Werkzeugen, Skulpturen, Flöten und Malereien, die ich als neue Kommunikation fasse, zeigen aber dennoch: eine Sprech-Sprache war zu jener frühen Epoche noch nicht nötig. Sie konnte wohl auch erst zusammen mit dem nun komplett ausgeformten Gehirn erworben werden. Und erst ab vor gut 20.000 Jahren waren in wachsenden Siedlungen der vermutlich meist sesshaften Wildbeuter¡nnen die Umwelt-Bedingungen entstanden, Sprache mit erweiterter Grammatik auszubilden, die nicht zuletzt zur Konflikt-Regelung in den komplexer werdenden sozialen Verhältnissen zwingend wurde; bei immer noch geringer Kognition und Kontrolle der Emotionen.

In den Quellen wird während der 30.000 Jahre des Jung-Paläolithikums in Eurasien und im Nahen Osten ein erheblicher sozialer Wandel sichtbar, bis dann fast am Ende dieser Epoche vor knapp 12.000 Jahren sesshafte Wildbeuter¡nnen große Bauwerke am Göbekli Tepe im Süd-Osten Anatoliens errichteten. Deren Analyse verweist mit ihrem steinernen Pantheon, wie es ähnlich noch in Sumer und Griechenland ausgebildet war, auf das ausdifferenzierte soziale Leben einer wildbeuterischen Hochkultur. Jagen und Sammeln lieferten die Nahrung.

Obwohl eine Wohnsiedlung für jenes Monument bislang nicht gefunden ist, verweisen vielfältige Grabungen in der Region um den Göbekli Tepe auf eine Reihe von älteren wie jüngeren Siedlungen und damit die Eingebundenheit dieses Geistigen Zentrums in eine, für jene Zeit durchaus so zu bezeichnende frühe urbane Struktur, um eine deutliche definitorische Unterscheidung zur Landwirtschaft zu markieren, die immer noch als Kulturstifterin gilt. Zu dieser Struktur mag, neben Orten der Kulturgemeinschaft vom Göbekli Tepe in näherer Entfernung, ebenso die wenig später, nur etwa 700 Kilometer entfernt entstehende Großsiedlung Jericho gehört haben, deren Bauten trotz ihrer besonderen Größe konzeptionell weniger komplex gewesen sind. Im nördlichen Mesopotamien wurden dazu wenig jüngere Spuren eines Tausch- oder Handelssystems gefunden. Die erweiterte Kognition, wachsende Siedlungen und die nun definierte Religion zeigen die Umwelten in Eurasien und im Nahen Osten als hochkomplex.

Nach der Stabilisierung der biologischen Art Homo sapiens, also der scheinbar momentan abgeschlossenen biologischen Evolution, deren Zeitpunkt heute – wegen der späten Formung des Schädels – möglicherweise zu überprüfen ist, sind auf Basis der Naturwissenschaften und der Empirie die Sozialwissenschaften die Leitwissenschaften für die Analyse des sozialen Wandels und vor allem der wachsenden

Kognition. Dies wird die vorliegende Darstellung thesenhaft aufzeigen und Material für eine interdisziplinäre Soziologie vorlegen; wenige Literaturhinweise aus unterschiedlichen theoretischen Ansätzen sollen hierzu ausreichen. Generell ist eine solche Analyse möglich, weil es genügend Quellen und Kenntnisse aus allen angesprochenen Fachbereichen gibt, wenn auch aus sehr unterschiedlichen Zeiten und noch auf differenten Methoden beruhend.

Mit den Sozialwissenschaften die Steinzeit erkunden zu wollen, wird spontan vielleicht als fragwürdig erscheinen. Dafür sei die Archäologie mit ihren Hilfswissenschaften zuständig, zu deren Deutungsmacht auch das Soziale gehöre, mag weiterhin die Vorstellung sein; und der Generalnenner bleibe die Evolution, deren Grundlage – seit Darwin – die Biologie sei. Doch die Biologie mit der natürlichen Zuchtwahl benötigt Jahrtausende für gravierende Änderungen. Auch deshalb kann nur der historische, von Menschen angestoßene Wandel die zu besprechenden Entwicklungen verursacht haben. (zuerst: Wallace, 1870)

Und die wichtigste Quelle für jene Zeit ist der Mensch selbst, Homo sapiens. Sind Menschen zumindest seit 30.000 Jahren biologisch stabilisiert, lassen sich insbesondere Kenntnisse über die nachgeburtliche Ontogenese, die individuelle Geistesentwicklung, von heutigem Wissen auf jene Zeit vorsichtig übertragen. In jenem kurzen Zeitraum konnten sich Kognition und Emotion nur historisch den sich wandelnden Umwelten anpassen und diese prägen. Das Jung-Paläolithikum, das in Eurasien mit der Entwicklung der Landwirtschaft vor 10.000 Jahren endete, wird in dieser Sicht zur Wiege des voll ausgebildeten modernen Menschen (Sapiens); parallele Entwicklungen fanden offenbar in Fernost statt. Vor allem ist zu prüfen, welche kognitive und emotionale Konstitution jeweils nötig gewesen ist, um jene

Funde als Quellen herzustellen und wann welche Kompetenz entstanden war.

Wesentlich für den Ausgangspunkt dieser Untersuchung ist das Bauwerk im süd-östlichen Anatolien mit der Bezeichnung Göbekli Tepe nahe der früheren Stadt Edessa, die heute Şanlıurfa heißt. Erst Ende des letzten Jahrhunderts wurden Teile ausgegraben, und Überraschendes wurde sichtbar: Wildbeuter¡nnen hatten bereits vor 11.500 Jahren in der untersten Schicht der bislang bekannten Grabung vor allem drei kreisförmige Bauten errichtet, deren Kennzeichen große allseitig ausgemeißelte Steinpfeiler von fertig um zehn Tonnen Gewicht sind.

Deutlich sind mit ihnen menschliche Figuren gestaltet worden, deren Gesicht wie Hinterkopf, seitlich gesehen, weit auskragen und deshalb vom – leider sehr früh verstorbenen – Ausgräber Klaus Schmidt als T-Pfeiler bezeichnet wurden. Im Rund stehen etwa ein Dutzend Pfeiler mit an drei Meter Höhe, die mit Mauern zu geschlossenen Räumen umfasst wurden; zu wahrscheinlich nach oben offenen Räumen. In deren Mitte wurden zwei ausdrücklich als männlich charakterisierte Figuren von fünfeinhalb Meter Höhe errichtet, die vielleicht – analog zu sumerischen Mythen – den Himmel stützen sollten. Die Pfeiler sind mit Flachreliefs versehen, die zum einen deutlich Arme darstellen und zum anderen etliche Tiere, die wohl eine (unentzifferte) Geschichte erzählen.

Ich bezeichne diese Stätte – deren Anlage D oben in Form eines (zu scharfkantigen) System-Modells gezeigt ist – als ein Geistiges Zentrum. Ob es ausschließlich eine Art Tempel gewesen ist, klösterlich abgeschieden womöglich, oder der Verkehrsmittelpunkt einer Art urbaner Region, bleibt derzeit offen, wenn mir letzteres nach der Quellenlage auch als hochwahrscheinlich gilt, wie in dieser Studie noch gezeigt wird. Es kann zu jener Zeit die gedankliche Basis solchen

Bauwerks nur eine definierte Religion gewesen sein, die das allgemein religiöse Denken früherer Zeit bereits überwunden hatte. Doch für jene Menschen blieb trotz des immer klarer erkennbaren sozialen Wandels und der Erweiterung der Kognition alles in der Welt von animistischen Geistwesen geschaffen und bewegt; das noch vage Denken selbst erzeugte sie.

Die Figuren zeigen sich mir deshalb – im allgemeinen Verständnis historischer Wissenschaften – als Gött¡nnen, als ein Pantheon: zwei ausdrücklich als Männer gekennzeichnete Hochgötter mit im Rund kleineren, also weniger wichtigen Geistwesen. Die waren möglicherweise ältere Naturgeister, worauf die in den Reliefs am häufigsten dargestellten Schlangen und Füchse verweisen könnten. Zwei Männer als Zentrum – und das im frühesten bekannten Groß-Bauwerk – können wohl für die Frauen nur als Herabsetzung interpretiert werden, immer schon; das ist offenbar einer der Hauptzwecke aller Religion.

Der Fund des Göbekli Tepe, zu dem die Siedlung seiner Erbauer¡nnen unter Şanlıurfa vermutet wird, (Schmidt) veränderte die Sicht auf die Steinzeit grundlegend. Dennoch werden Wildbeuter¡nnen an kompetenter Stelle immer noch als bloße „Jäger und Sammler", verstanden, die in kleinen Gruppen durchs Land zogen, zu kriegerischen Konflikten keinen Anlass hatten, denen sozialer Status fremd war und die ihre Besitztümer teilten. So stellt Claudia Doyle den Stand des Wissens der Max-Planck-Gesellschaft für Menschheitsgeschichte noch 2017 dar. (2.2017; Email der Redaktion 18.7.17) Dabei sind größere Siedlungen sesshafter Wildbeuterei lange als älter bekannt, wie etwa die Ausstellungs-Kataloge: Vor 12.000 Jahren... (2007) und: Eiszeit (2009) deutlich machen. Marion Benz schreibt über eine Grabung im Nahen Osten: „Körtik Tepe zwingt daher zum Umdenken. Das Bild mobiler Jäger und Sammler, die den Ressourcen hinterherziehen müssen, stimmt nur partiell für die Urgeschichte. Daneben gab es offenbar Ressourcen reiche Orte, an denen sich Jäger-, Fischer- und SammlerInnen dauerhaft niederließen". (2013, 2015)

Nun wurde es nötig, jenes Geistige Zentrum in die Sozialforschung einzuordnen, zu fragen, wie es entstehen konnte, welche Lebensweise vorhanden sein musste, um es religiös als Symbol zu konzipieren, als Bauwerk zu planen und zu erbauen. Wir müssen sein Entstehen zu re-konstruieren versuchen.

## *Zum Vorlauf dieser Studie*

Diese Studie entstand in mehreren Schüben aus einer früheren Arbeit zur Wissenschaftsgeschichte am Beispiel der Soziologie von Marx und Engels. (Hennings, [14]2017) Die hatten in ihrem Werk – wesentlich Francis Bacon folgend – wohl erstmalig in konzentrierter moderner Form herausgestellt, dass Menschen auf Basis ihrer Lebenswelten sich eigene jeweilige Umwelten erschaffen, und mit ihrer Skizze zur Urgeschichte auf den Beginn des Prozesses der Sozialität als Urkommunismus verwiesen. Mein weitergehender Zugang zur Urgeschichte schien dann durch die konzeptionelle Verbindung mit der nachgeburtlichen Ontogenese als Movens der Phylogenese möglich zu werden, wie Günter Dux sie – mit Jean Piaget – herausstellt. (2008, 2017) Damit konnte historisch – über den Göbekli Tepe weit zurück – entlang der archäologischen Funde zu den Anfängen des Homo sapiens in Eurasien abgestiegen werden, der seine Streifgebiete, aus Afrika kommend, über etwa 10.000 Jahre immer weiter nach Norden (und Osten) ausgeweitet hatte.

Mein Interesse an der Steinzeit entstand also aus einer eher beiläufigen Vorstellung von einer Urgemeinschaft, die als einfachste Menschengruppe kaum schon soziale Verhältnisse institutionalisiert hatte. Sich mit ihr zu beschäftigen schien als konkrete Darstellung, wie die Menschen früh ihre eigenen Umwelten schufen, möglich zu werden, als die Kenntnis des Göbekli Tepe hinzukam. Dass dieses Bauwerk nicht von einfachen mobilen Wildbeuter¡nnen erbaut worden sein konnte, schien selbstverständlich (ich war früher Architekt).

Also entstand die Frage, ob die Archäologie hinreichend Material bereit hielt, um jenen Prozess – vom Ende her, wie heute manchmal gesagt wird – vorerst absteigend in die frühere Zeit rückverfolgen zu können. Bald wurde klar, es konnte der Beginn des Jung-Paläolithikums als dessen Anfang angenommen werden, weil es noch weiter zurück viel weniger Material gibt, wie Elena Garcea mit Forschungen zu Nordafrika belegt. Bald zeigte sich in den Quellen zudem mit dem Beginn der Höhlenmalereien im Zusammenhang mit der neuen Kommunikation ein epochaler Anfang, von dem aus das Jung-Paläolithikum soziologisch erschließbar schien. Über die ergrabenen wachsenden Siedlungen wurde der Göbekli Tepe zu einem nachvollziehbaren Endpunkt dieser Prozesse (mit Ausblick nach Sumer). Die aufsteigende Darstellung der Geschichte dieser Epoche schien möglich. Zusätzlich fielen in die Zeit meiner Forschung – meine Thesen nachdrücklich bestätigend – die erwähnten neuen Funde zum Skelett des Homo sapiens. (MPF, 2.2017; Neubauer u. a.)

## *Sich selbst verändernder Prozess*

Historische Re-Konstruktion für jene frühe Zeit knüpft an der Quelle Mensch an, und dort an der nachgeburtlichen Ontogenese. Analog wie ein Kind vieles Lernen muss, bevor es Sprechen kann, mussten die aus dem Tierischen evolutiv, d. h. biologisch/ genetisch entstandenen Urmenschen (etwa der Gattung Australopithecus) und dann die Frühmenschen der Gattung Homo in ihrem historischen Werden Geist und Sprache erstmals ausbilden; der Tier-Mensch-Übergang wurde seither bei Homo sapiens zur sozialen Phylogenese. Nur die Re-Konstruktion ihres Erwerbs erlaubt die Beantwortung der elementaren Frage, wie anstelle einer bloßen Setzung oder Behauptung der Sprache als den Menschen immer schon gegeben, deren Erwerb möglich wurde. Dazu ist der Prozess zu analysieren, wie Sprache entstand. Vor allem, ob sie aus tierischen Lauten sich bilden konnte, oder ob Zeigen, Zeichen geben und dann die Gebärde als kognitive Vorbereitung nötig waren, wie Michael Tomasello es begründet. (2011) Und ob es damit verbunden biologische Veränderungen im Gehirn noch im frühen Jung-Paläolithikum geben musste.

Von entscheidender Bedeutung zum Verständnis des von mir gemeinten Prozesses ist dabei, ihn als einen „sich selbst verändernden Prozess" zu sehen, begründet auf einer Prozesslogik, (Dux, 2008) die sich erst mit den Naturwissenschaften entwickeln konnte. Die Archäologie macht es vor: sie gräbt absteigend Schritt für Schritt an einem Fundort in die tieferen Schichten, die dabei zerstört werden, analysiert und dokumentiert alles, und beschreibt dann aufsteigend den dort stattgefundenen historischen Prozess. Zu unterscheiden ist davon eine bloß lineare Prozessform, wie sie oft für einfache Systemtheorien in Technik oder Biologie genutzt und nicht als durch sich selbst veränderlich verstanden wird. Bis zum Beginn der Moderne und oft noch in der heutigen reflexiven Nach-Moderne (Beck/ Giddens/ Lash) wird ein Prozess bloß als Veränderung zwischen Zuständen verstanden, implizit mit der teleologischen Vorstellung, es sei im die Veränderung auslösenden Zustand, der Ursache, das Ergebnis dieser angestoßenen Veränderung bereits vorgegeben.

Wir sehen dies bei früheren, traditionalen Kulturen als allein mögliche Vorstellung, als Veränderung, deren Ergebnis von Geistwesen oder Gött¡nnen bereits mit ihrem Beginn vorgegeben wurde. Anfang und Ende, Ursache und Ergebnis, sind ihnen identisch, aus einer je anderen Sichtweise wird es sogar möglich, den Anfang durch das zeitlich spätere Ende angestoßen zu verstehen, erläutert Lucien Lévy-Bruhl. (1910) Wir blicken auf jene vormoderne Logik der Mythen und Märchen, die hier als traditionales Denken bezeichnet und unten weiter erläutert wird.

Heute geht es darum, einen Prozess sich durch erste Ergebnisse seines Prozessierens als sich ändern könnend zu begreifen. War die frühere Form – in einer bereits relativ ausführlichen historischen Vorstellung bei den alten Griechen – die einer teleologisch gesteuerten Entwicklung durch irgendeinen Gott, so ist ein solcher Prozess heute auf Basis der Naturwissenschaften einer mit offenem Ende. Soziale Entwicklung mag immer wieder einem Richtungssinn durch das strukturale Anschließen an vorherige Strukturen oder Situationen folgen, mag dabei komplexere Verhältnisse erzeugen oder nicht, doch eine Vorbestimmung des Endergebnisses ist nicht möglich. In globalen philosophischen Betrachtungen und Sätzen mag es sich gut anhören, doch in der empirisch überprüften Geschichte kann und konnte immer etwas ganz anders geschehen; selbst einem geworfenen Ball kann noch ein fliegender Schwan in die Quere kommen. Bei einfachen Wildbeutungs- und Landbau-Kulturen von rezenten Urvölkern, auf die ich zurückkomme, fehlte bis zum Beginn des 20. Jahrhunderts generell ein Verständnis zu einem solchen Prozess und verweist damit auf frühere kognitive Epochen, die zu analysieren sind.

## *Ab wann ist Sapiens primär sozial?*

Die Behauptung, die Sozialwissenschaften seien die Grundlage für die Analyse des Homo sapiens, nicht die Naturwissenschaften, führt zur Frage, seit wann unsere Art im biologischen Sinn – mit Darwin – stabilisiert ist, sich seine körperliche Konstitution nicht mehr grundlegend ändert. Eine Art/ Spezies ist generell stabil, sagt uns die Biologie, sonst entstünde eine neue, oder sie stirbt aus. Ob es heute bei Menschen biologische Veränderungen durch bedeutende Mutationen der Gene gibt, kann derzeit wohl nicht bestimmt werden, auch weil die großen Ausleseprogramme der DNA am Ende des 20. Jahrhunderts nicht die angestrebte Grundlage des Wissens über die Genetik unserer Art erbrachten. Im Gegenteil wird jetzt mit epigenetischen Forschungen intensiv in jenem Material der biologischen Zellen nach weiteren Informationen gesucht, das zuvor als Müll-DNA bezeichnet wurde, dem Chromatin.

Gibt es keine biologischen Veränderungen mehr, dann ist der Mensch immer schon der Mensch. Das heißt, veränderte Lebensweisen sind allein durch Menschen, also historisch verursacht, selbst wenn eine natürliche Umweltveränderung bewältigt wird, wie das Ende der Eiszeit. Die Archäologie belegt durch ihre Funde komplexer werdende Umwelten – zu denen die Menschen gehören – und wachsende Handlungsfähigkeiten der Menschen in ihnen, wodurch wiederum größerer Einfluss auf die Umwelten möglich wurde. Ab den ersten Jahrtausenden des Jung-Paläolithikums wurde der Wandel immer schneller. Nun erst greifen die früher ausgebildeten biologischen Möglichkeiten der Konstitution von Sapiens gegenüber Frühmenschen deutlich.

Generell blicken wir in der Weltgeschichte auf so etwas wie einen Richtungssinn zum Komplexeren und zur Emanzipation von Naturhaftigkeit, wenn auch in verwirrenden Pfaden bergauf bergab, insofern wieder historisch durch komplexes rationales Handeln erzeugt, das immer irrationale Nebenfolgen nach sich zieht, und schon deshalb nicht naturwissenschaftlich präzise vorhersagbar ist. Sehr einfache Werkzeuge, die die Frühmenschen Homo erectus und neanderthalensis mit Homo sapiens noch bis etwa vor 40.000 Jahren teilten, wurden erst nach der Ankunft von Sapiens aus Afrika in Eurasien komplexer. Unsere Art entstand aus dem afrikanischen Erectus, während Neanderthalensis sich aus dem viel früher nach Eurasien ausgewanderten Erectus abspaltete und nur dort vorkam.

Seit 35.000 Jahren hätten wir, wenn die neuen Forschungen Bestand haben, eine spezielle wie besonders gravierende Lernfähigkeit ausgebildet, die von der Steinzeit bis heute die jeweilige historische Kompetenz ermöglicht. Unter solchen Voraussetzungen werden Rückschlüsse auf frühere Zeiten möglich. Wissen wir für heute über die Lernprozesse in der Ontogenese bescheid, dann tun wir dies auch für das Jung-Paläolithikum. In einer ersten Überlegung sei dazu angenommen, das humane Gehirn blieb hinsichtlich seiner biologischen Kapazität seither unverändert; wir betrachten dabei das Gehirn vorläufig als eine Art Blackbox, das zu einer historisch veränderlichen Kompetenz fähig ist. (Dux)

Nun wurde empirisch erklärbar, wie die ganz unterschiedlichen Kompetenzen von Gemeinschaften und Gesellschaften während der Geschichte entstanden, und dass es vor allem die kategoriale Logik ist, an der die Differenzen von einem traditionalen zu einem rationalen Denken der europäisch geprägten Moderne darstellbar sind, vor allem an Zeit, Raum, Substanz, Kausalität. Das frühe Lernen entsteht durch die Konstruktion der simplen Umwelt im kindlichen Gehirn. Heutige Kinder müssen sehr viel komplexere Umwelten erfassen als in der Steinzeit.

Die grundlegende Basis für diese Erkenntnisse sind die Forschungen seit Piaget, der schon früh im 20. Jahrhundert über die Entwicklung der kindlichen Logik arbeitete. In dessen Folge sind neuere Arbeiten entstanden. Zur konkreten Veränderung der kategorialen Logik seien im Moment nur die Studien von Frankfort/ Wilson/ Jacobsen über Sumer und Ägypten, Lévi-Bruhl über Wildbeuter¡nnen und einfache Landbaugemeinschaften aus weltweit gesammelten Berichten genannt, oder die Arbeit von Wilhelm Grønbech über die sogenannten Germanen. Bei diesen und anderen frühen Studien kommt die sich ändernde kategoriale Logik allerdings nicht ausdrücklich als wesentlicher Punkt vor. Implizit zeigen sie jedoch die Wandlungen des Denkens über sehr lange Zeiträume auf, die wir heute erklären können. Die alten Mythen belegen dies auf ihre Weise wie noch unsere Märchen oder die Bibel.

Die jüngeren archäologischen Erkenntnisse und das neuere Wissen vor allem der neurologischen Wissenschaften über die Wirkungsweise des Gehirns von Homo sapiens führen zur neuen These, das humane Gehirn sei nicht mehr bloß als Blackbox zu analysieren. Langsam verstehen wir dessen inneren Prozesse und können dieses Wissen vorsichtig für das frühe Jung-Paläolithikum fruchtbar machen. Der deutliche soziale Wandel wird nun nicht nur durch Äußeres erklärbar, sondern ebenso im Zusammenhang mit der Entwicklung von Kognition und Emotion. Diese These beinhaltet eine in jener frühen Epoche wahrscheinliche Ausdifferenzierung der synaptischen Strukturen, etwa die Ausbildung von Neuronen-Kernen zu den Sprachzentren hinter der linken Schläfe, deren vorderes von Paul Brocka und dessen hinteres von Carl Wernicke im 19. Jahrhundert beschriebenen wurden. Diese Hirnareale, die unter anderen auch mit den Händen verbunden sind, haben offenbar im Übergang von der Zeichen- und Gebärdensprache zur Sprech-Sprache wichtige Veränderungen erfahren.

Hier wird also davon ausgegangen, erst nach der Ankunft in Eurasien habe Sapiens langsam eine primär grammatikalische Sprech-Sprache erworben, die auf einer von Frühmenschen geprägten Zeichen- und Gebärden-Sprache aufbauen musste, und langsam durch erlernte Wörter im Sinne von Namen ergänzt wurde. Nur so konnte die kognitive Basis für Sprache im Wechselspiel ausgebildet werden. Sprechen folgt nicht tierischen Lauten, sondern dem noch prä-bewussten Denken, das sich in Gebärden ausdrücken kann. Meine Annahme dazu ist deshalb, Sapiens habe in den ersten Jahrtausenden des Jung-Paläolithikums nicht nur Wissen neu erworben, sondern eine neue Qualität der Kommunikation, die durch Formen und Schnitzen kleiner Figuren und – Musikkenntnisse belegende – Flöten sowie durch aus Gebärden entstandenem Zeichnen und Malen belegt ist.

Diese Kenntnisse waren alltägliche Anwendungen, blieben jedoch nur in wenigen Höhlen, aber nicht im Freiland erhalten, nehme ich an. Nach einer frühen Phase dieser Entwicklung – erste Siedlungen und die neue Kommunikation entstehen ab vor gut 30.000 Jahren – gelten hier die Menschen in Eurasien seit gut 20.000 Jahren als ein Typus sesshafter Wildbeuter¡nnen, manchmal werden sie in der Archäologie als komplex bezeichnet. In wachsenden Siedlungen wurde die Sprech-Sprache nicht zuletzt als konfliktregelnd nötig, und die durch die Bauten am Göbekli Tepe ausgewiesene Hochkultur konnte ohne primäre grammatikalische Sprech-Sprache weder ein religiöses noch bauliches

Konzept entwickeln oder den Bauablauf mit vollständig aus Fels geschlagenen Pfeilern planen.

Aus beiden Strängen meiner Argumentation, der biologischen wie der sozialwissenschaftlichen, ergibt sich auf der empirischen Basis der archäologischen Funde: seit vor 35.000 Jahren ist Homo sapiens biologisch stabilisiert, alle kognitiven wie kulturellen Veränderungen seit jener Zeit sind durch Lernen erklärbar, nicht durch biologische Faktoren. Einschränkend und derzeit nicht beantwortbar sind allerdings zwei neue Fragen entstanden. Erstens wissen wir für jene Zeit noch nichts über mögliche epigenetische Faktoren, die kurzfristig über wenige Generationen wirken und Erfahrungen vererben können, wie Bernhard Kegel zeigt. Zweitens scheint es mir forschungstaktisch sinnvoll, derzeit nicht von einer bereits endgültig ausgebildeten synaptischen Struktur des Gehirns auszugehen, um nicht (wieder) vorschnelle Einengungen der Forschungsansätze zu begründen.

Als vollständig bei der Geburt ausgebildet gilt heute jedoch die Anzahl der Neuronen; das mag bereits seit der Ausformung des Schädels so sein. Da wir aber über das Erlernen der kategorialen Logik ab der Geburt heutiger Kinder mittlerweile recht gut informiert sind, das bis zum fünften Lebensjahr universal bei allen Kindern typisch gleich verläuft, kann dieser frühe Lernprozess der Kognition im Wechselspiel mit den historischen Umwelten ähnlich auch für Kinder seit vor 35.000 Jahren unterstellt werden, obwohl deren reines Wissen stark differierte.

Allerdings ist offen, ob die erkennbaren kognitiven Leistungen der früheren Zeiten nicht sogar mit noch wenigeren Neuronen möglich waren, als sie heute ausgebildet werden. Ebenso muss es als möglich gelten, die geringe Qualität der archäologischen Funde entstamme einer noch relativ undifferenzierten synaptischen Struktur und damit von Kognition und Emotion, die alle drei eng verbunden sind. Es fehlte den Menschen nach dieser These noch an wesentlichen Unterscheidungsfähigkeiten der erlebten Welt, wie auch an Bewusstheit oder Selbstkontrolle. Aus dem skizzierten Wissen ergibt sich dennoch, Homo sapiens kann als soziales Wesen, natürlich auf Basis seiner Körperlichkeit, bis zum Beginn des Jung-Paläolithikums soziologisch zurück gedacht und seine (Sozial-) Geschichte durch die Machart der archäologischen Funde empirisch re-konstruiert werden.

## *Realer Konstruktivismus*

Mit einem realen Konstruktivismus – der einem ideell-symbolischen Konstruktivismus deutlich entgegensteht – wird seit Piaget angenommen, Säuglinge müssen nach ihrer Geburt sich die neue, nun für sie viel differenziertere Umwelt aktiv in ihrem Geist konstruieren, um sie verstehen zu lernen, sich in ihr über tierisches Verhalten hinaus bewegen zu können. Konstruieren meint nicht einfach so etwas wie spiegeln, es ist ein reflexiver Arbeitsprozess, der historisch immer nachdrücklicher bewusst gestaltet wird. Dabei geht es – mit besonderer Betonung gesagt – um einen empirischen Zugriff auf die Welt als Aneignung, den die Kinder unbewusst leisten müssen, um in ihrer frühen Zeit vor allem durch Imitieren von Bezugspersonen sich Handlungsschemata erwerben zu können. (Piaget/ Inhelder; Tomasello, 2006; Bischof-Köhler; Dux, 2017).

Die kindliche Fähigkeit des Gehirns analog in die Geschichtswissenschaft zu übertragen, macht sichtbar, wie in der Entwicklung der Gattung Homo nur das zur Praxis werden konnte, was vor allem von Kindern individuell, ontogenetisch, jeweils gelernt wurde, in jeder Generation neu – und etwas anders. Erst dann kann in der Gemeinschaft der Zusammenklang dieser individuellen Fähigkeiten zu einem Teil der Umwelt werden, in der die nächste Generation aufwächst und die Stammesgeschichte, die Phylogenese, fortgesetzt wird.

Dabei gilt es als von besonderem Interesse zu rekonstruieren, wie Sprache bei Homo sapiens im Tier-Mensch-Übergang erstmals eigenständig entstehen konnte. Sie kann nicht – wie es früher ohne das nötige Wissen meist geschah – einfach implizit irgendwie an den Anfang der Geschichte gesetzt werden, mit ihr sei etwa Geist und Bewusstheit quasi von selbst in die Welt gekommen, da so nur behauptet wird was zu belegen ist; es wurde nur beschrieben, was bei Säuglingen in den ersten Jahren oberflächlich beobachtet wurde, sie begannen – irgendwie – zu sprechen. Vorstellungen von Modul-Theorien, Sprache entstünde durch Reifung des Gehirns Stück für Stück, gelten als falsifiziert.

Wie also kann Spracherwerb als Prozess vom Tierischen her erklärt werden, der sich zusammen mit Sinn (in weitem Verständnis) entwickelte, wobei sich die kategoriale Logik über die Zeiten (und bis heute) änderte und die Ausweitung der Kognition nicht bloß als mehr oder weniger stetiges Ansammeln von Wissen erscheint? Wie wurde im Tier-Mensch-Übergang aus geistloser Natur der humane Sinn, den – in der hier verwandten Definition – nur Menschen im (Selbst-) Gespräch durch Zeigen, Gebärden, erlernte Laute und Sprechen entwickeln konnten?

Es ist zu betonen, in der Frühzeit des Homo sapiens fand – anders als beim heutigen kindlichen Bewusstseins- und Spracherwerb – die Ontogenese ohne Sprache statt, und selbst Zeichensprachen mussten sich ausbilden, als auch Erwachsene sie noch nicht kannten. Es entstand damals in einem Prozess etwas ganz Neues! Wie mit nonverbaler Zeichensprache im Gehirn die Grundlage für das Sprechen geschaffen werden konnte, gilt es zu analysieren. Mehrere Pfade historischer Entwicklung sind re-konstruktiv zusammenzufügen, um die besondere Phase der Menschwerdung seit dem Beginn des Jung-Paläolithikums zu verstehen, die durch die archäologischen Funde eine neue Form der Kommunikation sichtbar machen. Zuvor folgen Hinweise auf die frühere Zeit.

## *Wie entstand Sinn?*

In der hier benutzten offenen Definition von Sinn ist er ein Phänomen, das nur Menschen entwickelt haben; die interessanten Forschungen bei Tieren in diese Richtung finden so oder so auf einem völlig anderen Niveau statt. Sinn entsteht – auch als Frühform von Bewusstheit, wozu wir noch kommen – beim rudimentären (Prä-) Reflektieren von eigenem Handeln und in Alternativen zu denken beziehungsweise erst einmal nur zu fühlen. Fliegt ein spitzer Stock, der auf ein Tier geworfen wurde, nicht ordentlich, wird er dann – noch ohne direkt darüber mit sich selbst zu sprechen – vom Werfenden irgendwann umgedreht und das dickere Ende nach vorn gesetzt. Das erweist sich als sinnvoll.

Für den hier behandelten Zeitraum muss das nicht genauer eingegrenzt werden, weil Sinngebung den Menschen des beginnenden Jung-Paläolithikum nach meinen Thesen zuzuordnen ist, wenn auch nur mit einer einfachen Form der Zeichen- und Gebärdensprache von Frühmenschen. Über 300.000 Jahre alte Lagerplätze von Erectus oder Speere von Neanderthalensis zeigen das hinreichend. Sinn ist also Produkt des menschlichen Geistes, eine Konstruktion im Gehirn im Verständnis Piagets, wie wir es auch beim Kleinkind erkennen. Aber wie kommt im Gehirn Sinn in diesem allgemeinen Verständnis zustande, bevor Bewusstsein sich deutlicher ausbildet?

Das Gehirn von Homo sapiens scheint dennoch, wie bei höheren Tieren, biologisch eine Art von Organismus im Organismus zu sein, der als Funktion materialer Prozesse verstehbar ist; das gilt selbst für den Geist. Neuronen und Gliazellen bilden das Gehirn, synaptische Leitungen vernetzen seine Struktur. Elektrizität und chemische Botenstoffe,

Transmitter, vermitteln seine Funktionen, allerdings unter Bezugnahme auf vom Gehirn weitgehend unbewusst gebildete Emotionen rückgekoppelt; um es nur sehr simpel anzudeuten. Im Rahmen der biologisch vorgegebenen Hirnstruktur entsteht historisch langsam ein erwerbbares freies Denken individuell wie kulturell.

Doch trainieren wir – bildhaft gesagt – von Geburt an unser ganzes Gehirn, nicht nur freies oder bewusstes Denken, sondern auch unbewusst etwa Körperteile, wie die Extremitäten, oder Organe, wie den Magen. Und auch Emotionen sind insofern ein individuelles Produkt aus der Ontogenese, die später noch verändert werden können. Das Training geschieht durch Gehen oder die Art der Nahrung beispielsweise, jedoch auch durch Beherrschung von Wut oder dergleichen. Das Bewusstsein ist nicht so klar abgegrenzt wie es manchmal angenommen wird, kein losgelöster freier Geist, sondern materielles Konstrukt. Auch das Gedächtnis ist jeweils überwiegend nicht bewusst und wird es nur bei jeweiligem Bedarf.

Eine wesentliche Frage hinsichtlich der Menschwerdung ist – wie bereits erwähnt – der Zeitpunkt der biologischen Stabilisierung des Gehirns in der Phylogenese. Nun wird ergänzend gefragt, ob es in diesem Verständnis überhaupt stabilisiert sein kann, nachdem es eine bestimmte synaptische Basis-Struktur ausgebildet hat, etwa die zum Beginn des Jung-Paläolithikums. Sie wird jeweils ontogenetisch neu trainiert, etwa durch Kommunikation, als sozusagen der Sinn in neuer Qualität in die Welt kam und Handeln nun weitergehend bestimmte als noch bei Erectus und Neanderthalensis. Erstere Art hatte hinter der fliehenden Stirn ein deutlich kleineres Gehirn als Sapiens, letztere besaß ein ähnliches Hirnvolumen, wenn nicht Knochen und Augenhöhlen viel mehr Platz beanspruchten als bei Sapiens, konnte damit jedoch nicht viel anfangen, lesen wir bei Philipp Gunz. Das lag vielleicht am hinter der fliehenden Stirn noch nicht hinreichend ausgebildeten Präfrontalen Kortex oder durch nur geringe Gedächtnisleistung; wer weiß. Die Betrachtung der archäologischen Funde zeigt Differenzen zu Sapiens seit der hier betrachteten Epoche jedenfalls eindeutig. Dennoch kann bei Sapiens dieser Prozess in ärmer werdender Umwelt rückläufig sein.

Wir können uns das humane Gehirn in der historischen Entwicklung zumindest in zwei Alternativen vorstellen. Es könnte nach dem schnellen Wachstum ab der Geburt bis zur Adoleszenz, soweit es die schon gab, komplett als Netzwerk ausgebildet sein. Alle synaptischen Verbindungen sind vorhanden und ändern sich bei körperlichen und geistigen Bewegungen oder Sinnesaufnahmen nur durch Ausstoß von Botenstoffen. Als ein zweites Denkmodell kann angenommen werden, die vollständig vorhandenen Neuronen sind nur mit den notwendigen synaptischen Strukturen verbunden und werden onto- wie phylogenetisch nach Bedarf neu geschaffen oder wenigstens neu verbunden.

Die Neurowissenschaften gehen ontogenetisch vom zweiten Modell aus, sehen wir noch. Doch wie war es historisch während des Jung-Paläolithikums und bis heute? Aus dem komplexer werdenden Denken bis zur heutigen Rationalität ergibt sich die Frage, ob es nicht – trotz einer unterstellten vollständigen Neuronenzahl bei der Geburt – einer langen phylogenetischen Zeit bedurfte, das Gehirn zu schulen, um in immer komplexeren Umwelten zurechtzukommen. Und das sowohl onto- wie phylogenetisch, also auch durch klüger werdende Eltern, nicht nur durch komplexere natürliche Umwelten.[2]

---

2 Ich habe in den diese Schrift vorbereiteten: Materialien die Problematik, rezente Urvölker zu diskreditieren, ausführlich

Der Mensch hat sich seit dem Beginn des Jung-Paläolithikums bis heute qualitativ kognitiv mehrfach geändert, ohne dafür genetische Ursachen unterstellen zu können, was jedenfalls mittels der Darwinschen Zuchtwahl wesentlich mehr Zeit gebraucht hätte. Zu bedenken ist: wir werden in den nächsten Jahren bei Fortschreiten der Wissenschaft der Epigenetik vielleicht noch Einflüsse kennenlernen, die Geschichte schon in der Steinzeit beeinflusst haben können, etwa durch Vererbung von Eigenschaften – deren Annahme im Darwinismus lange als Ketzerei galt – in einzelnen kleinen Gruppen gegenüber anderen, die besser oder schlechter lernten. Es scheint nun jedenfalls als hochwahrscheinlich, es gäbe epigenetische Schaltungen an der DNA, die eher als Archiv zu denken ist. Sie hätten eine nennenswerte Auswirkung auf die Vererbung über Generationen haben können, etwa hungernde Großeltern auf die Enkelgeneration, sorgende Mäusemütter auf die Aktivität ihrer Jungen, (Kegel) oder auch, psychisch auffällige Eltern auf die Weitergabe von Depressionen und antisozialer Persönlichkeitsstörung an ihre Kinder; (Roth/ Strüber) dazu später.

Generell, so ist also meine These, kann der biologische Prozess erst mit der Ausformung des (runden) Schädels vor etwa 35.000 Jahren als abgeschlossen verstanden werden. Aber gilt dieser Abschluss auch für das Gehirn – ausgerechnet?

---

dargestellt. Dahinter steht die wissenschaftliche Fragestellung, ob Kinder aus sehr einfachen traditionalen Zeiträumen direkt in unsere Bildungswelt versetzt und dort normal schulisch mitkommen könnten. Um die Zeit zum Ende des 19. Jahrhunderts konnten Kinder aus rezenten Urvölkern mit den Missionarskindern durchaus mithalten; (Lévy-Bruhl) aber das war ein noch ganz anderes Niveau. Wie ist dieses Gedankenmodell hinsichtlich der Steinzeit zu reflektieren?

Das humane Gehirn ermöglicht extreme und schnelle Wandel des Verhaltens, die nicht im engeren Sinn biologisch entstehen können. Geschieht das – komme ich auf die beiden Hirn-Modelle zurück – im immer gleichbleibenden Gehirn? Oder ändert es sich dabei, und wie könnte das funktionieren? Damit wird auch gefragt, wie solche soziologischen Thesen an die Neurologie anzuschließen sind.

Nicht biologisch-evolutive Veränderungen, sondern sich selbst verändernde Prozesse haben offensichtlich die Geschichte mit ihren jeweils aufstrebenden Kulturen bestimmt, wenn die auch Rückschritte erfuhren oder andernorts als Typen erneut entstanden oder sich quasi fortsetzten. Dabei beobachten wir richtungsweisende Fortschritte mal hier mal dort; ich nenne Altertum, Antike, Scholastik, Renaissance, Aufklärung. Das ist eine eurozentristische Sicht, was denn sonst? Es lassen sich aber andere historische Denkweisen in diese (nur grob skizzierte) Reihe integrieren. Beispielsweise entstanden viele der heute erhaltenen bedeutenden frühesten Schriften – auch in östlichen Kulturen – ziemlich gleichzeitig vor etwa 2.500 Jahren (Gilgamesch, Ilias/ Odyssee, ebenso östliche Mythen: Daoismus, Buddhismus). In ihnen erkennen wir frühen Sinn in unterschiedlichen Weisen. Ob solche Mythen wirklich Jahrtausende tradiert, oder nur etwas ältere Geschichten zu eigenem Nutzen neu formuliert wurden, scheint zumindest offen zu sein.

Zugleich wird so etwas wie eine parallele Geistesentwicklung erkennbar, wenn ganz verschiedene Menschen nach Jahrtausenden getrennter Leben fast gleichzeitig mit dem Aufschreiben älterer Mythen zum eigenen Ursprung beginnen. Es gibt weitere Ereignisse dieser Art, etwa die ähnlich früh entstehende Höhlenmalerei ab vor 40.000 Jahren sowohl im westlichen Eurasien als auch in Ostasien, die kaum gemeinsame äußere Ursprünge hatten, so wie keine Ursprache die Basis aller Sprachen sein musste. Sprachstämme, wie sie die Linguistik einteilt, konnten sich gleichwohl später ausbilden.

Das stellt die Frage nach der Autonomie der kognitiven Geschichte, ob ohne biologisch-genetische Veränderung dennoch das Ausdifferenzieren des Denkens durch langwierige Bewusstseinsveränderung des Ich geschah, die wir heute Individualisierung nennen; sie ist zugleich an geschaffenen komplexer werdenden Umwelten geschult. Ob also die Denkformen an die Weltzeit gebunden waren, um regional unabhängig voneinander bestimmte Formen zu erreichen, so wie Kleinkinder nur in bestimmten, aufeinander aufbauenden geistigen Stadien komplexer lernen können. Blicken wir zunächst noch weiter zurück, bevor das humane Gehirn detaillierter betrachtet wird.

## *Der Weg zum Denken – Lucy*

Da es heute doch wohl – jedenfalls außerhalb von Schöpfungsgeschichten – unstrittig ist, es habe einen Tier-Mensch-Übergang gegeben, entstand auch das humane Gehirn in einem Prozess, und damit die Kognition/ Emotion. Wenn hier nun ein Blick sehr weit zurückgeworfen wird, geschieht das auch deshalb, um eine einfache Kontinuität Affe-Mensch zurückzuweisen. Wir stammen nicht von Affen ab, sondern haben mit der evolutiven Linie der heutigen Affen gemeinsame Vorfahren in Urprimaten. Die Trennung geschah vor knapp sieben Millionen Jahren. Es ist keineswegs klar, unser Denken sei bloß eine Fortsetzung äffischen Lernens und Denkens (von dem ich bei Tieren gar nicht spreche). Obgleich biologisch diese Kontinuität Tier – Mensch unstrittig ist, wie der Aufbau auch der Gehirne zeigt, können die neuronalen Vorgänge sich bei Sapiens deutlich unterscheiden. Mit Computerprogrammen auf Basis einfacher Lernoperationen wurde zudem jüngst gezeigt, die angebliche Planungsfähigkeit von Schimpansen oder Raben könne durch sehr einfaches Lernen, Konditionierung, sowie Versuch und Irrtum, erworben sein, schreibt Scinexx.de (29.11.18).

Vor gut drei Millionen Jahren war mit der Gattung Australopithecus auf der humanen Linie ein Typus von aufrecht gehenden Urmenschen entstanden; die genauen Entwicklungen der Arten sind nicht klar. Für Australopithecus afarensis gilt der Fund eines relativ vollständigen Skeletts als Beleg, das oft Lucy genannt wird. Mit diesem Typus begann offenbar eine neue Qualität der zuvor wohl noch fast tierischen Verhaltensmöglichkeiten. Denn aufrechtes Gehen veränderte notwendig das Gehirn, in dem alles, was biologische Wesen tun, registriert, kontrolliert und angestoßen oder gebremst wird. Mit der Drehung des Kopfes wird beispielsweise, nachdem diese Bewegung durch neuronale Wirkung erzeugt wurde, in Echtzeit ein neues Sehfeld kartiert und auf bestimmte Muster überprüft, durch deren Erkennen vielleicht eine Reaktion wie Flucht stattfindet. Im Gehirn entstehen ständig Karten und daraus Bilder; dazu später.

Die seinerzeit langsam entstandene Fähigkeit zum generellen aufrechten Stehen und Gehen musste entsprechend mit deutlichen Veränderungen im Gehirn einhergehen, die sich vermutlich primär in der synaptischen Struktur zeigten, während die typische Schädelform mit der fliehenden Stirn lange noch erhalten blieb. Neu entstehen die Möglichkeiten zum permanenten erweiterten Sehen durch eine bessere Übersicht und die nun leichter mögliche Nutzung der Hände für Feinmotorik und vor allem für ein Zeigen. Wieweit diese Möglichkeiten von Lucy bereits genutzt wurden, ist nicht bekannt; allerdings scheinen Werkzeuge durch Zerbrechen von Steinen möglich. (Scinexx.de, 21.5.15) Auch der veränderte Kehlkopf wird Grundlage zur Möglichkeit der besseren Lautbildung, die dem humanen Gehirn wohl erst spät erlernte Laute zu bilden ermöglichte. Die von Affen abgegebenen Rufe etwa bei Gefahren, die das Nähern von Schlangen, Raubkatzen oder Greifvögeln instinktiv unterschiedlich markieren, haben eine geringere Qualität der neuronalen Regelung.

Der Typus Lucy besaß ein Schimpansen ähnlich großes Gehirnvolumen, weshalb ihm heute noch oft ähnliche Fähigkeiten zugeordnet werden. Doch dieses Maß sagt nicht sehr viel aus. Im gleichen Volumen und bei ähnlichen Strukturen können durchaus in den Microstrukturen erhebliche Unterschiede bestehen, etwa die Neuronen enger und mit kürzeren synaptischen Verbindungen ausgebildet sein. Mit anderen Worten ist bei Lucy von einer deutlichen Ausdifferenzierung des Gehirns gegenüber Affen auszugehen, die bereits seit drei Millionen Jahren andere Wege gegangen waren. Ein ähnlicher Schritt ist analog ebenso in jüngerer Zeit zwischen den Frühmenschen und Sapiens sichtbar. Der eurasische Homo erectus konnte vor 350.000 Jahren bereits einfache Lager mit zeltähnlichem Schutz und Plätzen für unterschiedliche Arbeiten an Werkzeugen errichten. Das zeigen Funde bei Biltzingsleben im heutigen Thüringen. Dessen Gehirn war, bei fliehender, flacher Stirn, so deutlich kleiner als das von Sapiens, dass es ziemlich zuverlässig eine untere Stufe humaner Kognition markiert.

Doch wesentlich weitergehende Kognition sehen wir bislang auch bei Neanderthalensis nicht, von dem unter anderem 400.000 Jahre alte Speere im nahe liegenden Schöningen überliefert sind; wer will, kann diesen Fund gegenüber dem Erectus-Lagerplatz als kognitiv geringer entwickelt bewerten. Neanderthalensis besaß dagegen zwar bei ähnlich flacher Stirn ein Hirnvolumen wie wir, konnte dies aber offensichtlich nicht nutzen, wie seine Artefakte zeigen. Und auch die Speere, die gern für wundervolles Denken als Beleg herhalten müssen, sind nicht besonders aussagekräftig.

Es waren wohl Speere, die nur gelegentlich auf kurze Distanz geworfen wurden, da beim nötigen Anlauf für längere Würfe das Wild frühzeitig aufgeschreckt wird. Dass heute geschulte Athleten sie weit werfen können, weil der Gewichtsschwerpunkt, die zur Baumwurzel weisende Richtung, vorn lag, sagt auch nicht viel aus. Einfaches Probieren auf der Ebene bloßer Konditionierung musste auch damals schnell zeigen, sie seien nur in dieser Richtung sinnvoll zu nutzen. Das gilt ebenso beim Stoß, weil beim Einstich in das sich aufbäumende Tier dort die größte Bruchgefahr bestand.

Bereits kleine Nervensysteme sind generell auf Optimierungsaufgaben abgestimmt, etwa bei Bienen, sagt Frank

Rösler. Ähnliches zeigen die erwähnten Studien zu Raben und Schimpansen. Humanes Leben begann offenbar auf deutlich geringerem Niveau der Kognition als oft unterstellt wird. Es gab einen großen Bereich prä-bewussten Handelns, wie wir es bei Kindern sehen. Dabei seien Erectus und Neanderthalensis durchaus einfacher Schmuck, Tierfiguren oder farbige Handabdrücke zugetraut, die herzustellen nicht komplexer als die Zelte, Werkplätze oder die Herstellung der Speere gewesen sind. Eine entscheidende qualitative Differenz bei Sapiens entstand erst mit der kombinierten neuen Form der Kommunikation ab vor 40.000 Jahren.

## *Differenzierung des Gehirns und der Logik*

Wenn sich das Anliegen, etwas zum Verlauf des Denkens im Jung-Paläolithikum auszusagen, auch erst einmal recht spekulativ anhört, ergeben sich bei etwas Überlegung doch eine ganze Reihe von plausiblen Hinweisen für die Veränderung der Logik, die an Funden ablesbar sind. Das gilt natürlich noch mehr für die viel später folgende schriftliche Zeit. Alte Texte sind diesbezüglich zum Teil intensiv analysiert, so durch Bruno Snell oder Wolfgang Schadewaldt die Texte Homers, aus denen Letzterer gar zwei Autoren herausliest. Snell hat beispielsweise gezeigt, wie in der Zeit der Griechen der grammatikalische Artikel als Beleg für die Schaffung des Begriffs entsteht, aus irgendeinem Baum wird: der Baum als Typus für die Gattung. Für das Denken ist das ein großer Schritt, aus (einem Wald von) Bäumen, die da als einzelne zusammenstehen oder auch abgesondert, sich eine Gattung für recht verschiedene Formen mit einer gemeinsamen Grundstruktur als Kategorisierung vorstellen zu können. So wird die Umwelt leichter verständlich. Sicherlich konnte das irgendwo bereits früher einmal ausgebildet worden sein; jedenfalls blicken wir auf recht junge Fähigkeiten, darf wohl geschlossen werden, die sich kaum schon am Göbekli Tepe fanden.

Und das geschah noch in einer Zeit voller handelnder Göttinnen, die die Pfeile oder Speere der menschlichen und halbgöttlichen Helden führen; in der Ilias. Eine Zeit, in der wenig später vom an Götter glaubenden Aristoteles ein erster komplexer Versuch gedacht werden kann, Natur ohne Gott zu erklären, wenn auch zum Teil mit uns absonderlich scheinenden Ergebnissen, wie Ulrich Wenzel erläutert. Eine Zeit auch, weshalb ich es noch einmal erwähne, als das griechische Pantheon strukturell mit dem vom Göbekli Tepe übereinstimmt, wenn auch mit Zeus als faktischem Boss (neben Hades und Poseidon); am Geistigen Zentrum sehen wir offenbar zwei männliche Ober-Götter.

Aus dem Wissen um diese empirischen Prozesse lässt sich von Griechenland zurück nach Ägypten und sogar nach Sumer plausibel zurückblicken und die Analyse ergänzen, die Frankfort/ Wilson/ Jacobsen für jene Kulturen vorgelegt und mit dem Titel: Frühlicht des Geistes im Verständnis der Ausdifferenzierung des Denkens eingeordnet haben. So wie der Körper, der auf allen Vieren stehenden Göttin Nut der angehobene Himmel Ägyptens ist, sehen wir für Sumer mit den großen Erd-Pyramiden, die durch Schichten von Schilfmatten stabilisiert sind, zugleich eine Himmelsstütze, auf der ein Tempel steht, wie auch Marlies Heinz annimmt. Das Zikkurat finden wir später als Maßgabe der Arche in der Bibel wieder, die ebenso wohl von dort die Sintflut übernahm, was dann allerlei Trubel unter den Christen auslöste, als die Mythe von Gilgamesch bekannt wurde; Fluten tauchen häufig in Mythen auf, durchaus auch als die Lichtflut des Morgens, in der die Sterne ersaufen.

Wer mir (jedenfalls für einen Moment) darin folgt, gerade im frühen Jung-Paläolithikum habe es, durchaus mit Quellen ganz gut untermauert, eine neue Qualität der Kommunikation und damit der Kognition und der Emotion wie auch der Logik gegeben, und wer ein permanentes Arbeiten des Gehirns konstatiert, kann auch nachvollziehen, wie in solchem Prozess es zugleich im Gehirn Veränderungen geben musste. Beim Erwerben des Sprechens über Zeichensprachen hinaus haben sich wahrscheinlich im Gehirn aus früheren Neuronen-Kernen, die auch bei Tieren ähnlich vorkommen, die spezialisierten Sprachzentren ausdifferenziert; wenn auch der Zeitpunkt unklar ist. Dabei geschah mehr als nur das. Sie scheinen für den ganzen Komplex, den ich mit Kommunikation verbinde, also auch mit Gebärden und Musik, zu tun zu haben. Hier wird es gleich auch darum gehen, die je aktuellen Veränderungen im Gehirn zusammen mit Körper und Geist zu sehen.

Deshalb sind die Sprachareale wohl ein guter Beleg für sowohl historische neuronale Strukturveränderung im Zusammenhang mit neuen Verhaltensweisen und Fähigkeiten als auch deren Prozessieren zusammen mit Sprechen. Insofern sind diese Zentren oder Areale von den Menschen, wenn nicht gemacht, so doch angestoßen. Sonst müsste die Biologie sie reifen lassen und dadurch die Sprache geschaffen haben; das wird heute nicht mehr angenommen. Werden Fähigkeiten vielfältiger, wie etwa in Umwelten mit wachsenden Siedlungen, die für jene Epoche belegt sind, wie unten zu zeigen ist, muss diese Tendenz sich entsprechend ebenso vielfältig im Gehirn ausbilden, in engem beziehungsweise gleichzeitigem Wechselspiel. Das nenne ich die Ausdifferenzierung der synaptischen Struktur von Kognition und Emotion, die immer vielfältiger und komplexer zu denken erlaubt; differenzierter eben.

Traditionales Denken, das ich im frühen Jung-Paläolithikum nur rudimentär und am Göbekli Tepe erstmals einigermaßen als neue Qualität – vollständig präoperational im Sinne Piagets – ausgebildet annehme, das auf der neuen Kommunikation aufbaute, ist dann durch eine Entwicklung mit Richtungssinn geprägt, die wir immer wieder in der Geschichte wahrnehmen. In jeweils früheren Ausdrucksformen wird eine andere, noch weniger ausdifferenzierte Logik deutlich, die noch nicht gelernt hat, die Welt weitergehend zu unterscheiden. Deshalb spreche ich zur bloßen Kennzeichnung der Situation am Beginn des intensiveren Denkens von noch wirrem und dem folgend von einem – seit Tylor gebräuchlichen – wilden Denken (früher: dem der Wilden).

Dieses Wirr – das hier auch mit prä-... gekennzeichnet wird – soll für das frühe Jung-Paläolithikum stehen, bevor dann das wilde oder traditionale Denken am Göbekli Tepe zumindest bei den Eliten weitgehend durchgesetzt ist; auch das ist schwer auszudrücken, weil traditionales Denken sich noch Jahrtausende weiterbildete und sich dabei durchaus veränderte und komplexer wurde, ohne jedoch den Animismus zu überwinden, der auch mit traditionalem Denken verbunden ist. Dieser Prozess der Rationalisierung, wie wir ihn heute verstehen können, ist selbst in der Nach-Moderne seit Ende des 20. Jahrhunderts noch nicht abgeschlossen. Selbstverständlich lässt sich das Denken, das ich wirr nenne, derzeit nicht genauer bestimmen als durch Rück-Schlüsse in oben dargestellter Weise, über eine kritische Beurteilung der Artefakte, und dazu auf Basis aktueller Neurowissenschaften, die das Gehirn aus der Blackbox holen, wie wir noch sehen werden. Es geht darum, betone ich noch einmal, festzustellen, welche Kognition nötig war, Artefakte jeweils herzustellen; zum Teil wird das mit experimenteller Archäologie versucht. Und auch, welche Kombination von Fähigkeiten im Geiste vorliegen musste, sollte eines Tages entschlüsselt werden können.

## *Die neue Kommunikation – Anfänge des Denkens*

Sehen wir nun erneut auf die Quellenlage für Homo sapiens hinsichtlich der Kognition. Dabei fallen neue Errungenschaften auf, die nach der Ankunft in Eurasien eine immer deutlichere Spur der Anfänge eines neuen Denkens bildeten. Formen/ Schnitzen von Figuren, dann die für Musik stehenden Flöten, dazu die Malerei – zusammen sind sie deshalb als neue Qualität der Kommunikation zu verstehen, weil insbesondere Zeichen geben und Gebärden nicht nur selbst Kommunikation sind, sondern zugleich mit Malereien Ähnlichkeiten und Verbindungen aufweisen, Musik kann für differenziertere Artikulation stehen. Solche kognitiven Sprünge werden in den kommenden Jahrtausenden und bis heute immer mal wieder erkennbar. Obwohl meist diese Phasen nicht wirklich deutlich voneinander abgegrenzt sind, lassen sich bekanntlich die jeweiligen Typen gut unterscheiden.

Am Anfang des Jung-Paläolithikums ist ein 40.800 Jahre alter roter Fleck in einer der Höhlen des Monte Castillo in den Pyrenäen datiert, der Sapiens zugeschrieben wird, jedoch noch nicht eindeutig als Beleg für (Höhlen-) Malerei zu werten ist. Das ist allerdings am Abri Castanet (Frankreich) der Fall, wo ein halbes Rind als Decken-Malerei ausgeführt gefunden wurde, die lange auf der Unterseite eines herabgefallenen Felsbrockens verborgen war; 37.000 Jahre alt. Aus 36.000 Jahre alten Schichten in Höhlen der Schwäbischen Alb, in denen Malerei nicht gefunden wurde, stammen erste geschnitzte Figuren, eine der (dicken) Frauen, die bald häufigere Funde sind, und die Flöten aus Knochen mit eingekerbten Tonlöchern, die erst jüngst in altem Abraum aus Höhlen der ersten Forschung durch Nachsiebung entdeckt wurden.

Aus der Zeit um vor 32.000 Jahren, die also jünger ist als die endgültige Schädelausbildung, sind dann erste einfache Rhinozeros-Zeichnungen in der Grotte Chauvet datiert. 27.000 Jahre alt sind einige der Bilder der Grotte Cosquer, die heute nur durch Tauchgänge erreichbar ist. Die berühmten Höhlenbilder aus der Grotte Chauvet und der Höhle Lascaux sind zum Teil jünger; nicht alles ist bisher naturwissenschaftlich hinreichend datiert. Die Bandbreiten dieser Datierungen sind dabei sehr hoch, bis zu ± 500 Jahren und manchmal mehr, schreibt Michel Lorblanchet. Dennoch kann fast seit der Ankunft des Homo sapiens in Eurasien, die Fähigkeit der Malerei beurteilt werden. Und neuere Funde in Ostasien, Sulawesi, haben dieses Können ebenfalls für die Zeit vor 35.000 Jahren belegt, deren (sehr) einfache Anfänge bereits Homo neanderthalensis zugeschrieben werden; das scheint kein wichtiger Konflikt zu sein.

Wie später andere Kulturtechniken, vor allem ist an den Landbau zu denken, sehen wir also in weit voneinander entfernten Regionen ähnliche Entwicklungen, die kaum einen gemeinsamen Ursprung in Afrika oder Eurasien auf Basis jahrtausenderlanger Tradition hatten. Es ist – wie ich es auch für die Sprech-Sprache annehme – viel plausibler, von einer Ausweitung der Kognition jeweils aus sich selbst heraus auszugehen, die solche Parallelen brachte; vielleicht derzeit als Reifung verstehbar, die erst über lange Zeit aus einer genetischen Ursache Besonderes hervorbringen konnte. Das hieße, mit der neuen Konstitution – markiert durch die runde Schädelform – ließ der: Kognitive Systemwechsel, der zuvor durch den relativ großen Präfrontalen Kortex entstand, erst spät Menschen in komplexeren Umwelten zu einer erweiterten Kognition finden.

Wie etwa Sprache weltweit bei heutigen Kindern in wenigen Jahren erlernt wird, wurden Fähigkeiten früher aus ähnlichen Lebensformen in Jahrtausenden jeweils eigenständig neu entwickelt. Es geht dabei ja nicht nur um Synapsen, sondern beispielsweise musste auch der Nasen-Rachenraum mit der Zunge für eine weitergehende Artikulation trainiert werden. Die seinerzeit gefundenen Kulturtechniken sind dadurch, wie später der Landbau, nicht als extreme Geistesleistungen in kurzen Zeiträumen zu erkennen. Mit ein wenig Einfühlung in damalige Lebensweisen – zuerst vom Wege zu nehmen, was sich fand – wird doch recht deutlich, wie sich aus der jeweiligen Praxis die Neuerungen über die Jahrtausende und große regionale Distanzen jeweils ähnlich ausbilden konnten. Und alle Neuerung musste sich im Gehirn wiederfinden.

Wie zuvor die Funde jeweils sehr lange Zeiten bis zur nächsthöheren Qualität aufweisen, entstand in einer bestimmten Reihenfolge (fast) überall neues Denken. Das war eine immer wieder über die Folgen des Erlernens individueller Fähigkeiten generelle Ausdifferenzierung der Struktur des Gehirns. Universale Aneignungen wie Malerei oder dann Sprache, die Nähnadel und die Speerschleuder, definierte Göttinnen, sowie später den Landbau hervorzubringen, scheint aus der jeweiligen Praxis jener Leben relativ gut nachvollziehbar. So wie bereits einfache Behausungen oder spitze Stöcke die ganz frühen Werkzeuge ergänzten, ohne dass heute bei Neuerungen von einer Kontinuität an einem einzigen Ort ausgegangen wird.

Die Quellen zeigen: die Form der kulturellen Entwicklungen folgt in der Geschichte der wachsenden Kognition des frühen Kindesalters. Wie sollte das auch anders gehen, als dass zuerst immer weitere individuelle Fähigkeiten erlernt werden müssen, die in den Gruppen verallgemeinert und von folgenden Generationen lernend weitergeführt wurden (oder auch nicht). Das humane Gehirn benötigte vielleicht grundsätzlich jene langen Zeiträume, bis langsam diese Schritte der Ausdifferenzierung von Fähigkeiten möglich wurden; das führt wieder einmal zur Frage, ob die jeweiligen Veränderungen der synaptischen Verknüpfungen damals doch noch eine biologische Veränderung benötigten. Das gilt es intensiv noch von den Fachwissenschaften zu erforschen, wie Wachstumsprozesse im humanen Gehirn die Neuerungen erlaubten. So wie bestimmte Verbindungen im Gehirn nach der Geburt erst spät wachsen, bei denen es nicht klar ist, ob sie das ohnehin tun, oder nur bei Anforderung durch geistige Tätigkeiten; dazu später. Konnte über epigenetische Vererbung die Zahl und die Verbindung der Synapsen eine phylogenetische Wirkung entfalten?

Ob im westlichen Eurasien mit den vielfältigen Funden eine kognitiv herausragende Entwicklung stattfand, wie sie etwas später im Nahen Osten zu sehen ist, oder ob nur die Fundsituationen dies suggerieren, ist derzeit wohl nicht wirklich zu entscheiden. Die eurasischen Funde bis in den Ural und noch östlich des Schwarzen Meeres zeigen auch dort ähnliche parallele Entwicklungen, wie etwa die Gräber von Sunghir. Legen wir gedanklich die älteren Faustkeile der Oldowan- und dann der Acheuléen-Kultur, die über eine Million Jahre alt sind, neben entsprechende Formen der Aterian-Kultur von Homo sapiens in Nordafrika aus der Zeit vor dem Beginn der Siedlung in Richtung Norden ab vor 70.000 Jahren, dann gehört schon ein kenntnisreicher Blick dazu, die Methode der Herstellung zu unterscheiden und zu datieren, bevor die Kognition exponentiell wuchs.

Sie sind mal etwas gröber und mal etwas feiner ausgearbeitet. Das sehen wir auch in den Afrika-Studien von Garcea; allerdings fallen in Nordafrika gestielte Steinwerkzeuge auf, deren Bedeutung nicht ganz klar ist, und die offenbar sonst nicht vorkommen. Generell sagt auch sie, die Werkzeuge von Sapiens unterschieden sich seinerzeit von jenen des Neanderthalensis in Eurasien noch kaum. Das ändert sich selbst zu Beginn des Jung-Paläolithikums in Eurasien noch nicht nennenswert. Erst ab vor etwa 30.000 Jahren werden hier die langen klingenmäßigen Steinspitzen führend, parallel als Mikro-Formen, die in Werkzeug eingeklebt wurden. Ab vor 25.000 Jahren entstehen sogenannte Blattspitzen, die recht groß und regelmäßig in Form länglicher Blätter geplant und durch feine Abschläge gearbeitet wurden. Später werden Klingen auch geschliffen.

## *Zur Kognition von Frühmenschen*

Nun wird bereits Neanderthalensis manchmal eine Sprech-Sprache zugeordnet. Doch wie sollte sie zu diesen einfachen Artefakten passen? Das als selbstverständlich anzunehmen war früher in Teilen der Archäologie kein Problem, wie ich hier – ohne erhobenen Zeigefinder – einfach berichten will. Dabei wurde noch von Artefakten direkt auf hohe Geistigkeit geschlossen, ohne über Kognition oder Sprache intensiver Kenntnisse zu haben. So sagt etwa Friedemann Schrenk über Homo neanderthalensis noch im Katalog: Eiszeit von 2009: diese (Früh-) Menschen „konnten fast die gesamte Bandbreite an Lauten erzeugen, die wir von modernen Menschen kennen – hatten also mit Sicherheit [!] eine gut entwickelte Sprache –, sie waren fähig, Gedanken, Erfahrungen und Ratschläge an Gruppenmitglieder der eigenen und der nächsten Generation weiterzugeben, sie sorgten für Alte und Gebrechliche, sie organisierten [!] ihre Gesellschaft". ([ ] in Zitaten von mir; h.)

Andernorts wird sehr bestimmt Homo erectus vom Fundort Bilzingsleben mit seinem dauerhaften Lager von vor 350.000 Jahren ein dem modernen Menschen ähnliches Leben als bewiesen zugeordnet: „Der Homo erectus ist es auch, der im weiteren Verlaufe einer erfolgreichen biologischen und sozio-kulturellen Entwicklung den Schritt in fremde, in neue Ökosphären wagte und sich weit innerhalb der Alten Welt ausbreitete". (Mania) Allein dieser Gedanke, sie wagten sich in die Ferne, als ob sie neugierig auf sie gewesen seien; die von Afrika kommenden Gruppen des Sapiens merkten kaum, einen Kontinent neu besiedelt, oder sich weit von Ur-Mutti Eva, wie sie früher hieß, entfernt zu haben. Bei solchen Fähigkeiten gilt Sprachfähigkeit als selbstverständlich.

In einem Buch über „Die Neandertaler" werden diese wie folgt charakterisiert: Sie „lebten als erfolgreiche [!] Jäger. Die Jagd erfordert theoretisches und praktisches Wissen, Erfahrung und Unterricht. Sie gründet Traditionen, schafft Erinnerung und strukturiert die Gesellschaft, in dem sie den sozialen Zusammenhalt und die Kooperation fördert. Das Planen und Durchführen der täglichen Nahrungsbeschaffung erfordert komplexes Denken, [!] kognitive Fähigkeiten und soziale Organisation. [!] Es ist aber davon auszugehen, dass sich die Neandertaler [sic] mit ihrem profunden Umweltwissen auch pflanzliche Nahrungsquellen erschlossen haben". (Auffermann/ Orschiedt) Dann wird auf die Inuit-Frauen verwiesen und auf viele verfügbare Nahrungspflanzen (ähnlich wie es von Linda Owen, oder Gerhard Bosinski für Gönnersdorf 15.500 bp, before present = 1950, beschrieben wird). Und am Ende des Absatzes heißt es: „Ein ähnliches Pflanzenangebot stand auch den Neandertalerinnen [sic] im eiszeitlichen Europa zur Verfügung". (2002)

Erfolgreich sammeln und jagen können bekanntlich schon einfache Tiere; damit wird wirklich nichts ausgesagt. Nicht erst Schimpansen jagen koordiniert und erfolgreich, wenn auch nur gelegentlich, etwa andere Affen. Das geschieht aber, indem ein Tier die Jagd von einem günstig scheinenden Platz aus beginnt und andere dem folgen, die dann die jeweils noch freien Plätze mit (meist sinkender) Erfolgsaussicht einnehmen; ich folge dabei Tomasello. (2011) So funktioniert es wohl bei allen in Rudeln organisiert jagenden Tieren. Warum sollte es beim frühen Menschen anders sein, als Zeigen, Gesten und Gebärden neben frühen Lauten nur eingeschränkt zur Verfügung standen? Wie bei den – bereits erwähnten – Schimpansen oder Raben sehen wir auf sehr einfaches Lernen, das über Konditionierung (durch Beobachtung älterer Tiere und Eltern) kaum nennenswert hinausführen musste; selbst Tiere nutzen Stöcke und Steine zur Jagd.

An den frühen Werkzeugen und anderen nützlichen Dingen des Jung-Paläolithikums fällt nichts auf, was auf eine schon nennenswerte Kognition gegenüber älteren Zeiten verweist. Zelte, Speere, Werkzeuge (wie unterstellte Kleidung) sind viel älter und wurden bereits von Frühmenschen gefertigt. Das belegt eher die Schlichtheit solcher Arbeiten als eine Intelligenz ihrer Erzeuger¡nnen. Warum sollte Erectus bei solchen Fähigkeiten und Artefakten bereits alle Fähigkeiten von Neanderthalensis mit dem deutlich größeren Hirnvolumen aufweisen, dabei auch Sprache? Warum gibt es bei Frühmenschen durchgängig dieses frühe Steinzeit-Niveau? Nein, die empirische Forschung sagt uns, sie lebten eben nicht wie moderne Menschen. Erst die Kombination der erwähnten Funde macht die neue Qualität der Kommunikation aus; sie ist seit dem frühen Jung-Paläolithikum eine erste Basis des Erfolgskonzepts der sozialen Entwicklung und der Kognition/ Emotion bis heute.

## *Kindliches Lernen und Gehirnentwicklung*

Der relativ sehr große Präfrontale Kortex ist bei unserer Art der für Sozialität und Lernfähigkeit entscheidende Teil des Gehirns, sehen wir bei Thomas Affentranger. Dort wird wesentlich koordiniert und kontrolliert, was Homo sapiens von allen anderen Lebensformen unterscheidet. Zuerst konnte die Differenz nur als potentielle Möglichkeit biologisch, wohl durch Mutationen im weiten Sinn, entstehen. Ich nenne diese Entwicklung den Kognitiven Systemwechsel. Durch ihn kommt es bei Sapiens offensichtlich erst einmal zur Möglichkeit einer erheblichen Lernfähigkeit. In gleichen Umwelten wie Erectus entstanden, war vorerst allerdings kein Lernanreiz vorhanden, der über die geringe Kognition der Frühmenschen hinausführte. Vielleicht war aber noch so etwas wie eine Reifung nötig, die es aufzuklären gelte. Irgendwann hat es ja geklappt.

Lernfähigkeit zu betonen heißt dabei nicht, auf simple Lerntheorien zurückzufallen, es werde alles Verhalten nur erlernt, oder Bewusstsein/ Geist funktioniere quasi körperlos. Ebenso wenig wie nur auf Genetik und Instinkte als ursächlich zu verweisen ist, wie in Biologismus oder Soziobiologie. Meine Position, nur empirisch begründbare Theorien und Thesen auf Basis eines körperlichen und dadurch denkenden Menschen anzunehmen, ist wohl ebenso deutlich geworden, wie meine Trennung von Tier und Mensch, entsprechend von Soziologie und biologisch arbeitender Verhaltensforschung.

Meine These, im Jung-Paläolithikum habe es einen deutlichen sozialen Wandel gegeben, wurde eben erst durch das Wissen über die Ausbildung der Schädelform vor 35.000 Jahren empirisch gestützt, nachdem die Art Homo sapiens jetzt als 300.000 Jahre alt gilt. Dann ist die Frage aufgeworfen, wie stabilisiert das humane Gehirn sein kann, ja ob es überhaupt als stabilisiert, endgültig fertig, verstehbar ist. Generell wäre beispielsweise wichtig zu wissen, ob das Gedächtnis gestärkt wurde, das kein Zentrum als Archiv aufweist, das aber wichtige Gehirn-Regionen im hinteren Schädel hat. (Antonio Damasio; Rösler) Rezente Urvölker besaßen ein extrem gutes Gedächtnis, mochten sich aber nicht mit komplizierten Problemen befassen, heißt es oft. (Lévy-Bruhl) Darin mag zur späteren Abstraktheit eine wichtige Scheide sichtbar werden.

Die Digitalisierung lässt vermuten, Sapiens könne sich noch wesentlich komplexere Umwelten aneignen. Wir müssen heute nicht mehr hilfsweise vom Gehirn als Blackbox ausgehen, sondern können manche Grundlage aus der Hirnforschung testen. Vor allem in jungen Jahren verfüge das Gehirn über eine hohe Plastizität, sagt Rösler, um Grundlagen zu erlernen, wie Sehen oder Hören. Diese erste frühe Fähigkeit der Plastizität während der entwicklungsbedingten Anpassungen gehe aber bald verloren, so wie Sprachlernen nur bis etwa zum zehnten Lebensjahr möglich sei. In einer zweiten Phase zum Lernen und zu Gedächtnisleistungen sei Plastizität dagegen dauerhaft möglich.

Ebenso wird die These, erst ab dem Beginn jener Epoche sei langsam die Sprech-Sprache über einfache Namen hinaus entstanden, die für einen weit wichtigeren kognitiven Prozess steht, empirisch unterstützt. Das zeigt die Reihe der ab vor knapp 40.000 Jahren komplexer werdenden Werkzeuge, besonders später Nähnadel oder Speerschleuder, für die in der Handhabung zugleich zwei Funktionen kombiniert werden müssen, ebenso zeigen dies die wachsenden Siedlungen, in denen soziale Komplexität ausgebildet wurde, die für ein friedliches Zusammenleben zwingend war; um nur dies hier zu nennen.

Halbwegs gesunde Kinder sind nach der Geburt bei hinreichender Pflege durch Bezugspersonen körperlich stabil und verfügen über einige Fähigkeiten als Reflexe, wie etwa Greifen und Saugen. Und sie sind lernfähig, schnell deutlich über Affen oder andere Tiere hinaus. Ihr Gehirn hat heute zu diesem Zeitpunkt offenbar bereits alle (grauen) Neuronen ausgebildet, wenn auch einige später wieder abgebaut werden, nachdem die nötigen Strukturen aufgefüllt sind; selbst im Alter wachsen noch manche nach. Die synaptische Vernetzung entspricht diesen Grundfähigkeiten der Körperkontrolle und dem rudimentären, noch ganz unbewussten Handeln.

Der zuerst kleine Kopf wächst nach der Geburt schnell, und die (weißen) Gliazellen breiten sich zusammen mit den synaptischen Verbindungen aus; sie stützen die Strukturen, ernähren die Neuronen und übermitteln vielleicht auch Informationen. (Rösler) Dieses Wachstum geschieht primär nach zwei Regeln, das Gehirn wächst zum einen in den biologisch vorgegebenen Formen der äußeren Gehirnstruktur, die micro-strukturell jedoch, zum anderen, weitgehend individuellem Lernen folgt, und später noch große Veränderungen erlaubt, wenn vielleicht die Tätigkeit sich gravierend ändert.

Ein Kind in einer relativ inhaltsleeren Umwelt lernt relativ wenig, eines, das darin recht intensiv auch geistig beansprucht wird, weil es etwa sehr bald gefordert ist, die Sprache der Bezugspersonen zu erkennen, deutlich mehr; schnell werden dann Wortzwischenräume und Silben bemerkt. Zuerst gilt es, sogar Sehen, Hören und andere Sinne hinreichend auszubilden oder zu schulen. So sind Linien und Flächen zu unterscheiden, die getrennt abgespeichert werden, wie Töne oder der Geschmack. Dabei gilt es für das hier behandelte Thema wieder zu bedenken: eine Lautsprache gab es zuerst noch nicht.

Junge Katzen, die bei Versuchen in zylinderförmigen Umwelten aufwuchsen, in denen entweder nur senkrechte oder waagerechte Linien die Wände markierten, lernten Sehen nur mit beschränktem Nutzen für eine natürliche Umwelt und konnten in ihr durchaus gegen einen Stein rennen, weil sie dessen Form nicht (er-) kannten, oder schlechter Objekte verfolgen. Etwas ähnliches sehen wir, wenn erwachsene Analphabet¡nnen noch Lesen lernen, wodurch Änderungen im Gehirn bis hin zum Kleinhirn entstehen. (Scinexx. de, 26.10.18) Die erwähnte Unmöglichkeit bei sprachlos aufgewachsenen Kindern, nach dem zehnten Lebensjahr noch mehr als einzelne Wörter zu lernen, (Rösler) kann wohl auf die extrem langen Zeiten der Phylogenese übertragen werden, bis erstmalig Wörter und Sprech-Sprache entstehen konnten, deren Erwerb wiederum an eine wachsende sprachintensive Ontogenese gebunden ist.

In der genannten doppelten Regelhaftigkeit kann in den ersten Lebensjahren dennoch jeweils nur ein bestimmter Umfang und eine noch geringe Komplexität der kategorialen Logik in biologisch vorgegebener Reihenfolge – natürlich unbewusst – erlernt werden. Vor allem Ursache und Wirkung werden historisch, wie noch bei heutigen Kindern, erst spät in unserem Verständnis erlernt, sofern das in Kulturen überhaupt schon geschieht. Der Sprung über eine solche Sprachgrenze und damit der reflektierenden Kognition zeigt sich als von größeren und langwierigen Umbauten im Gehirn abhängig (Sprachzentren).

Sehr kleine Kinder, hat bereits Piaget beobachtet, erkennen dann vielleicht, wie ihr eigenes Strampeln eine am elastischen Kinderbett befestigte Puppe in ihrem Gesichtsfeld in Bewegung setzen kann. Oder sie verbinden Geräusche mit Ereignissen, was wir bei Tieren als Konditionierung bezeichnen, von Kindern aber schnell weitergehend erfasst wird.

Bereits Charles Darwin war frappiert, als er [wie später Piaget] ein sorgfältiges Tagebuch zu den frühen Handlungen eines seiner Kinder geführt habe, und dies den intelligentesten Hund, den er je gesehen habe, bereits ab dem elften Lebensmonat überrundete. (1871: 85)

Piaget hatte in seinen Forschungen, die heute von anderen, wie Doris Bischof-Köhler oder Tomasello, wesentlich weitergeführt sind, Grenzen zwischen den ontogenetischen kognitiven Stadien eingeführt, die sich grundsätzlich für meine Studien als besonders tragfähig zeigten. Sein zweites, das prä-operative Stadium, endet bei etwa sechs bis sieben Lebensjahren, bevor jene erreicht werden, die abstraktes Denken ermöglichen. Für die Steinzeit sind wahrscheinlich andere Grenzen zu ziehen. Hier wird dieses Stadium als traditionales Denken recht pauschal besprochen.

Dem folgt bei Piaget das konkret-operative und ab 14 Jahren das formal-operative Denken. Operatives Denken ist Denken über Denken, zuerst nur möglich bei konkreter Abschauung, wie beim Zählen mit den Fingern, dem erst die Fähigkeit folgt, komplexe Sachverhalte allein im Geiste zu durchdenken; formal, wie etwa bei höherer Mathematik. Das Grundlegende am Begriff des traditionalen Denkens hängt auch damit zusammen, bei rezenten WildbeuterInnen und kleinen Landbaugemeinschaften, über die vor allem Ende des 19. Jahrhunderts unzählige Berichte erschienen waren, ein über dieses Stadium hinausgehendes operatives Stadium als Kognition generell nicht zu erkennen. (Geertz; Hallpike; Lévy-Bruhl)

Das notwendige Aufbauen der zu lernenden Schemata auf früheren hängt zum Teil damit zusammen, dass bestimmte synaptische Verknüpfungen sich erst spät ausbilden. Bevor ein Kind heute mit etwa vier Jahren die Fähigkeit zur Theory of Mind erwerben kann, zu erkennen, dass Andere anders denken können als es selbst, muss beispielsweise zuvor eine Nervenleitung wachsen, wobei offen sein könnte, ob sie erst mit dem weitergehenden Denken mitwächst, wenn Individuen in bestimmten Kulturen diese Fähigkeit langsam im Wechselspiel entwickeln, oder die nur nach dem biologischem Wachsen ausgebildet werden kann. Angela Friederici fand eine ähnlich spät wachsende synaptische Verbindung zwischen den beiden Sprachzentren, die das Sprachverstehen fördert, die es bei Tieren nicht gibt. (MPF, 1.2017; 4.2019) Wieder ist die Frage, ob historisch größere Umstrukturierungen im Gehirn nötig sind, sie auszubilden.

Rezente Urvölker, einfache Gemeinschaften von Wildbeutungs- und Gartenbauer¡nnen, die noch kaum Bekanntschaft mit europäischen Kulturen gemacht hatten, erreichten nicht mehr als traditionales/ prä-operatives Denken, solange sie nicht – etwa in Missionen – Schulbildung erhielten. Trotz aller grässlichen Erfahrungen, die sie im Zuge der Kolonialisierung machen mussten, durch die sie oft in einfachere Lebensformen zurückgestoßen wurden, wie in Amerika oder Australien, und trotz der generellen eurozentristischen Blindheit der christlichen Eroberer¡nnen, zeigen weltweit verfasste Berichte ihre Gleichförmigkeit hinsichtlich des traditionalen Denkens. Darüber kann nicht hinweggegangen werden (etwa wegen des Vorwurfs, dies sei eurozentristisch; wie sollen wir denn sonst denken?). Das ist auch deshalb vorsichtig und hilfsweise akzeptabel, weil Quellen aus noch früherer Zeit dieses traditionale Denken ebenfalls deutlich belegen; nur noch nicht (halbwegs) wissenschaftlich. Sei es im Mythos von Gilgamesch, vielleicht realer König von Uruk vor 4.600 Jahren, oder in Homers Ilias und Odyssee, wie auch in fernöstlichen Mythen; weshalb der Blick auf frühere Zeiten sorgfältig abzuwägen ist.

In aktuellen Forschungen zur Entwicklungspsychologie fällt eine weitere Grenze innerhalb der Stadien Piagets auf, die in jüngeren Studien nicht mehr verwandt werden, die etwa beim fünften Lebensjahr liegt. (Bischof-Köhler; Tomasello) Für frühere Epochen kann eine Lebenszeit nicht bestimmt werden; für weitergehende Forschungen werden neue, differenziertere Begriffe nötig. Prä-bewussten Menschen kamen regelhaft über solche kognitiven Fähigkeiten nicht hinaus, die ohne primäre Sprech-Sprache auch kaum überschreitbar sind. Erst am Göbekli Tepe scheint die traditionale Logik voll ausgebildet zu sein; einzelne Personen mögen dort analog zu Piagets konkret-operativem Stadium zu denken fähig gewesen sein, etwa bei der Planung und Ausführung der Bauten; für etwas jüngere Zeiten fanden sich in der Kulturgemeinschaft vom Göbekli Tepe modellhafte T-Pfeiler, anderswo Hausmodelle aus Ton.

Dennoch – sei hier noch einmal betont – markiert die einfache Lebensform ab vor 40.000 Jahren in Eurasien einen gravierenden Schritt in der Kognition gegenüber allen früheren Menschen, sofern die neue Qualität der Kommunikation erreicht wurde; es kann ja nicht von einer homogenen Bevölkerung ausgegangen werden.

## *Alles voller Geister*

Es gibt – soweit ich sehe – nicht einen Bericht über eine soziale Gemeinschaft ohne Sprech-Sprache. So schlicht rezente Urvölker auch organisiert gewesen sein mochten, als Wildbeuter¡nnen oder kleine Garten- und Landbauer¡nnen, alle sprachen. Oft wurden sogar sehr komplizierte Sprachformen gefunden, die offenbar noch nicht so weit konzentriert waren wie andere. Mit diesem Hinweis soll die enorme Entwicklungsdifferenz zum frühen Jung-Paläolithikum angedeutet werden, die schon gegenüber etwas älteren Gruppen mit nur Zeichensprachen bestehen muss. Ebenso wenig sind Berichte über solche schlichten Gemeinschaften bekannt, die sich nicht zwischen Geistwesen zu leben wähnten, in welcher Form auch immer, die von anonymen Kräften bis zu einfachen Gött¡nnen reichen können (da spielen auch Übersetzungen von patriarchal und eurozentrisch denkenden Leuten eine Rolle).

Dafür wurde bereits im 19. Jahrhundert in der Wissenschaft der Begriff Animismus geprägt, etwa bei Edward Tylor, dessen überholtem, christlich geprägtem Ansatz hier jedoch nicht gefolgt wird. Mein Bemühen, die frühe Zeit des Jung-Paläolithikums begrifflich durch die Vorsilbe prä- abzugrenzen, solange nicht neue, präzise Kennzeichnungen gefunden werden, lässt mich entsprechend für die ersten Jahrtausende einen Prä-Animismus annehmen, bei dem die Geistwesen nur gefühlt wurden, ohne sie schon mit Namen oder dann gar in einer definierten Religion kennzeichnen zu können. Es geht mir nur um eine mögliche Differenz, um die Betonung des historischen Prozesses. Mit dem Prä-Animismus soll eine aus der Entwicklung des menschlichen Geistes her plausible Form früher allgemeiner Religiosität bezeichnet sein, die von einem ausgeprägteren Animismus zu scheiden ist. Nur über diesen Weg scheint im Tier-Mensch-Übergang die Entstehung religiösen Empfindens im allgemeinsten Verständnis möglich. Und eine Art religiösen Empfindens in diesem Sinn ist das erste Denken bei Individuen. Später entsteht die definierte Religion.

Sonne, Mond und Sterne, das Wehen des Windes, Wachsen und Sterben von Pflanzen, Tieren und Menschen – Alles in der Welt musste von der frühen Kognition als belebt verstanden werden, auch Steine, selbst wenn sie still ruhten, über die zu stolpern von deren Geistwesen verursacht wurde, soweit Ursachen überhaupt schon gedacht oder gefühlt werden konnten. Später – in meiner Studie ab vor 30.000 bis 20.000 Jahren angenommen – wurden mit wachsender Kognition und besserer Lautbildung diese Geistwesen mit Namen geordnet. Erst danach konnte eine animistische Religiosität hinreichend begründet werden, bevor sich definierte Religionen ausbilden konnten, die ja bis heute als Animismus zu verstehen sind, da Geister sie prägen; und wenn es nur einer sein soll.

Eine definierte Religion war offensichtlich am Göbekli Tepe entstanden, da die an die drei Meter hohen im äußeren Rund stehenden Stelen oder Pfeiler jener Bauten kaum etwas anderes als ein Pantheon darstellen konnten. Sie zeigen ausdrücklich Arme, die als Flach-Reliefs ausgemeißelt sind, was sie als menschlich kennzeichnet, und die beiden fünfeinhalb Meter großen – durch einen Schurz gekennzeichneten – Männerfiguren in deren Mitte markieren das wichtigste Anliegen dieses Geistigen Zentrums. Offenbar war es schon damals nötig, die patriarchale Macht der Männer gegenüber den Frauen zu betonen, wie es später aus vielen Ursprungsmythen entsprechend deutlich wird. Religiöses wurde überhaupt zu diesem Zweck erfunden, Frauen zurückzusetzen, lässt sich wohl sagen; immer schon. Und vielleicht mussten die beiden, oder alle Figuren zusammen auch den Himmel abstützen.

Der Geisterglaube entsteht universal aus der frühen, zuerst noch unbewussten Erfahrung des Säuglings (nicht: den Genen). Wenn ein Kind geboren ist, muss es sich in der neuen Umwelt orientieren lernen. Über die kognitiven Grundlagen der Sinne hinaus findet es sich in einer sozialen Situation mit versorgenden Bezugspersonen, ohne dies schon zu verstehen. Doch Lernen beginnt sofort, bereits nach etwa zehn Tagen beginnen Säuglinge, nicht nur Haut generell anzusaugen, sondern suchen in bestimmter körperlicher Lage die milchspendende Brustwarze.

So entstehen – noch einmal mit Piaget – Schemata der Erfahrung und des sehr frühen Handelns (und ein Empfinden von alltäglicher Macht, wenn eigenes Schreien zur Fütterung führt; zur Macht unten). Dies frühe Erleben bringt als Grundstruktur der Erfahrung die unbewusste Erkenntnis, die relevanten Dinge um das Kind herum bewegen sich – Alle. Die nährende Brust kommt in Reichweite, verschiedene Gesichter werden deutlich, kommen und verschwinden. Alles bewegt sich, wenn auch nicht immer, doch alles könnte sich bewegen, selbständig bewegen, da Säuglinge, die noch nichts von ihrem von anderen getrennten Körper wissen, nicht erkennen können, dass diese Bewegungen von Menschen erzeugt werden, oder vom Wind oder wem oder was auch immer.

Deshalb muss die Vorstellung von geistigen Kräften in allen Dingen aus der Entwicklung des menschlichen Geistes zur tief im Geist implantierten Grunderfahrung werden. So entsteht Gott. Und das in einer Phase noch mangelhafter Gedächtnisentwicklung, die später nie erinnert werden kann. Solange die Bezugspersonen sich von dieser Erfahrung nicht zu lösen wissen, was erst im 19. Jahrhundert in umfassender Weise beginnt, bleibt diese Vorstellung als scheinbare Urform des eigenen Denkens präsent. Die aktuellen Glaubenskriege im Nahen Osten, wie die anderer Sekten, zeigen den mörderischen Fanatismus, der offenbar tief aus dem Inneren kommt. Dennoch sind es Lernprozesse, die später reflektiert werden können; wieder keine genetische Ursache.

Die Frage ist nicht, ob alle Menschen zu solchem Basiswissen kommen, sondern in welchen Formen sich die Vorstellung von subjektiven, handelnden Geistwesen in allen Dingen weiter ausdifferenziert, ob in der Steinzeit oder noch heute. Aus einer in Allem wirkenden Kraft werden später für das Kind, dessen Fähigkeit mit der Zeichensprache heranwächst, mehrere, was Namengebung nötig macht. Damit ist nicht zugleich die Fähigkeit verbunden, ein Ding und dessen Geistwesen auseinander zu halten, sondern beide bleiben lange Zeiten miteinander identisch; ja, das traditionale Denken ist zu einem wesentlichen Teil als Identitätsdenken geprägt.

Wir sehen das manchmal bei alten Heilmitteln: gelbe Pflanzen gegen gelben Schleim, rote für das Blut. Ebenso kann in solchem Denken die Identität von Ursache und Ergebnis dazu führen, Letzteres als Grund für Erstere zu verstehen. (Lévy-Bruhl) Dieser Mangel der Differenzierung von Dingen und deren Namen hat schließlich noch den religiösen Bilder-Streit des Mittelalters geprägt, an dem bis heute Gläubige oft festhalten. Erst mit der Ausbildung der Natur- und Geisteswissenschaften ist die tragfähige Theorie zur Überwindung des (Aber-) Glaubens geschaffen worden: nicht irgendein Gott schuf die Menschen, sondern die phantasieren sich ihre Geistwesen; die alten Männer machen sich wichtig.

Das frühe Jung-Paläolithikum zeigt uns mit den genannten Quellengruppen die Grundlagen für die Prozesse vom

Prä-Animismus zum entwickelteren Animismus und dann zu animistischen Religionen, wie wir sie noch bei den Griechen in Homers Geschichten finden, bis die monotheistische Religion diese Vorstellungen weiterentwickelt und eine quasi menschliche Figur als geistige Führung behauptet, immer noch von weiteren Heiligen umgeben; etwa als Marienverehrung. Bereits am Göbekli Tepe erkennen wir deshalb mit größter Wahrscheinlichkeit ein Pantheon mit etwa einem Dutzend Göttinnen im Rund der einzelnen Bauten und zwei Obermacker in der Mitte. Von einer Kontinuität über Zeit und Raum zur Vor-Moderne ist auch diesbezüglich nicht auszugehen. Solche Phantasien entstehen immer wieder neu mit der erweiterten Kognition in größeren Gemeinschaften. Verhaltensweisen und Fähigkeiten, wie Religiosität, Malen oder Sprache, folgen der Logik des sich entfaltenden Geistes aller Menschen mehr oder weniger einförmig (Schema), wie es die Geschichte zeigt.

## *Traditionales Denken*

Christopher Hallpike hat bereits früh die Stadien Piagets aus psychologischer Sicht überprüft und sagt: „Für das Kind des präoperativen Stadiums ist das eigene Weltbild unmittelbar, subjektiv und absolut, obwohl es beim Heranwachsen Widersprüche mit der Wirklichkeit bemerkt. Doch es begreift noch nicht, dass es eine Wirklichkeit gibt, die wahrgenommen wird, einen Denkprozess, der diese Wahrnehmungen vermittelt, und einen Sprachprozess, in den das Denken enkodiert wird. Es ist deshalb noch nicht imstande, Namen und Wörter von den Dingen zu unterscheiden, auf die sie sich beziehen, und glaubt anfänglich, sie seien den Gegenständen inhärent, die sie bezeichnen ... Das Kind glaubt auch, die Träume spielten sich außerhalb von ihm ab. Es ist sich seiner eigenen Gedanken und Gefühle bewusst, aber es sieht nichts Ungereimtes darin, auch der physischen Welt einen Willen, eine Zielgerichtetheit und Gefühle zuzuschreiben. ... es glaubt auch, die Kraft, die benötigt wird, um einen Stein zu heben, sei eine Kraft, die aktiv vom Stein selbst ausgeübt werde“. (1990: 447ff) Dem Urteil des Kindes fehle die Objektivität, alle Erscheinungen seien ihm subjektiv und mit eigenem Willen ausgestattet.

Ob solche Beschreibungen heute noch vollständig zutreffen, ist angesichts der Fülle unserer Medienwelten offen, Kinder lernen nun viel mehr, nicht zuletzt weil sie von Bildern umgeben sind. Mit etwa sechs Jahren nehme das Kind noch an, Namen – identisch mit den benannten Dingen – hätten selbst Kraft, Gewicht und Geschwindigkeit oder andere physische Eigenschaften. Erst danach werde erkannt, dass Namen reine Zeichen sind. Traditionale Logik, deutlich aufgehoben in jeder Form des Numinosen/ Heiligen, versteht die Welt völlig anders als wir! Solche Vorstellungen bleiben lange erhalten und verschwinden erst mit dem formaloperativen Denken vollständig.

Dennoch betont Dux die Logizität dieses Denkens, man sei zuweilen geneigt „auf die Aussagen der Kinder die Einsichten der Philosophen, etwa des Idealismus anzuwenden, und das nicht deshalb, weil die letzteren wie Kinder dachten, vielmehr weil die ersteren bereits in der Logik zu denken beginnen, die in den Höhen der Philosophie zu abstrakten Sätzen ausgearbeitet wurden“. (1994: 451) Solange die alte Philosophie noch als Maßstab dienen konnte.

Auf das prä-operative oder traditionale Stadium kommt es in meiner Studie vor allem an – wenn ich mich sonst auch auf modernere Einteilungen der Kindesentwicklung stütze –, weil rezente Urvölker, die vorsichtig zum Abgleich mit jenen am Göbekli Tepe für die frühere Zeit dienen, dieses generell nicht überschreiten und das konkret- und das formal-operative Stadium gar nicht erlernen und allenfalls ersteres berühren konnten.

Die kindliche Vorstellung sieht deshalb zuerst nur eine Dimension zur Zeit. Höhe oder Breite bei verschiedenen Gläsern gleichen Inhalts werden nicht zugleich geistig bearbeitet und bei einer Auswahl meist nur die Höhe berücksichtigt, auch wenn im niedrigeren mehr Inhalt angeboten ist. Auch das konnte mit Personen aus rezenten Urvölkern rekonstruiert werden. Und ich erinnere an die wachsenden Fähigkeiten, etwa mit Nähnadel und Faden oder der Speerschleuder mit Speer umzugehen. Wie die Feinmotorik entwickelt sich die Koordination verschiedener Bewegungen und des räumlichen Denkens weiter.

Ein Kind kann mit manchen Problemen praktisch umgehen, sagt Hallpike weiter, die es noch nicht erklären kann! Spielt es durchaus gut Billard, so wird es beim Erklären lediglich mit unpräziser Bewegung den Verlauf der Kugel ungefähr entlang der Bande andeuten, aber das Prinzip nicht erkennen (Einfall- = Ausfallwinkel). Es ist Realist, was es selbst sieht und fühlt gilt für alle Menschen gleichermaßen und ist real/ konkret, auch Träume, die geradezu Beweis sind, an anderem Ort verweilen zu können und etwa Verstorbene zu treffen. Objekte in Veränderung erscheinen dennoch statisch, sie werden nicht als prozesshaft erkannt; das Kind sieht einen Zustand neben dem anderen.

Ein Ursprung und dessen Ergebnis/ Ziel wird nicht als kausal abhängig verstanden, beide stehen sozusagen gleichberechtigt nebeneinander, hören wir bei Hallpike wieder, wie es bereits Lévy-Bruhl für rezente Urvölker zeigt. Der aktuelle Umgang, sein Verhalten in der realen Welt, ist besser entwickelt als die sprachliche Darstellung. Dabei haben Erwachsene mit nur traditionaler Kognition gegenüber ihren Kindern mehr Erfahrung, Selbstsicherheit und vor allem auch mehr Wissen – damals wie heute! Und sie sind eingebunden in feste Traditionen ihrer Gemeinschaft, zu denen sie keine Alternative denken können. Doch wie war das kognitive Niveau zu Beginn des Jung-Paläolithikums?

## *Frühe Höhlenmalerei und Kognition*

Betrachten wir einmal großzügig die erste Hälfte des Jung-Paläolithikums als jene Zeit der Ausentwicklung der neuen kommunikativen Fähigkeiten bis zur Sprech-Sprache, dann blicken wir dennoch auf recht geringe kognitive Fähigkeiten. Wenn es auch differente Gruppierungen gegeben haben wird, die einen lernten schneller als andere, lassen die archäologischen Funde keine herausragende Kognition erkennen; sie sind bis zur Zeit der wachsenden Siedlungen gleichförmig simpel und übersteigen die Qualität der Frühmenschen noch wenig. Die Zeichnungselemente der Höhlenmalerei sind in meiner Vorstellung als analog zu alltäglichen Kenntnissen der Kommunikation zu verstehen. Sie können ja nicht nennenswert vom generellen Niveau der Kognition entfernt gewesen sein, selbst wenn mal besonders begabte Leute malten. Dies wird bei der Beschäftigung mit den Bildern auch schnell deutlich. Sie sind, im Gegenteil, ein wichtiger Beleg für einfaches Denken.

Wie es bereits in der frühen Höhlenforschung und ebenso in der Anthropologie über Bilder einfacher rezenter Wildbeuter¡nnen und Landbau-Gemeinschaften manchmal verstanden wurde, kommen die Analysen schnell zur Qualität von Kinderzeichnungen. Obwohl heute Kinder mit einer Fülle von Bildern aufwachsen, muss die Logik des frühen Lernens in der Ontogenese schrittweise ausgebildet werden. Dennoch gibt es Unterschiede zur Steinzeit und selbst solche zwischen städtischen und ländlichen Gebieten, etwa im heutigen Ägypten, wobei auch an das Fernsehen zu denken ist. Vor allem waren es wohl Erwachsene, ob Frauen oder Männer wissen wir nicht, die in den Höhlen malten, deren Feinmotorik und Konzentration – für die nur wenige

Minuten benötigenden kleineren Bilder – grösser als bei deren Kindern gewesen ist.

Kleinkinder, sagt John Gage, neigen dazu, sich bei der Bilderzeugung auf Umrisse zu konzentrieren. Das zeigen ebenso die Höhlen, besonders die von Chauvet, in der Körperausmalung wenig vorkommt. Anders ist es in der von Lascaux, die als deutlich später bemalt gilt, wo die Umrisse oft ausgemalt sind. Heute zeichnen Kinder zuerst einen Bogen mit aufgelehntem Ellenbogen zirkelmäßig, lernen dann in dieser Position die Hand vor und zurückzuführen, um als nächstes durch die Kombination beider das typische Gekritzel herzustellen, das wieder unfertiger aussieht, aber eine wichtige Koordination der Feinmotorik ist. (Row; Widlöcher)

Bogen sind in der Höhlenmalerei ein häufiges Zeichenelement, beispielsweise für überlange Hörner. Etwas ältere Kinder verwenden weiterhin universal typische Elemente. Vor allem stellen Kinder im Bild Wissen dar und kopieren noch nicht, selbst wenn das Motiv ihnen sichtbar ist. Zeichnen sie eine Allee, markieren zwar zwei Linien sie, doch ein darauf fahrendes Gefährt wird von der Seite gezeigt, wie auch die Bäume nach außen umgeklappt. Oder ein Gesicht wird frontal dargestellt, ein nach hinten weisender Pferdeschwanz als Frisur jedoch seitlich.

Für jene frühe Zeit kommt hinzu, dass Tiere in freier Wildbahn besonders anhand ihrer Rückenlinie und dem Gehörn aus der Ferne identifizierbar sind. Frontdarstellungen gibt es in Höhlen wohl gar nicht. Beim Gehörn wurde in der Forschung schon früh herausgestellt, dass trotz der Kopfdarstellung im Profil typischerweise beide Stangen zugleich dargestellt sind, obwohl genaugenommen die vordere die hintere verdeckt. Die meisten Tiere haben eben zwei Hörner nebeneinander, die also auch sichtbar sein müssen. Für die Läufe vierbeiniger Tiere werden typischerweise alle vier gezeigt, doch sind die in der Seitenansicht auch in der Natur meist beim Schreiten zu sehen, weshalb sie als Kontra nicht viel hergeben.

Solches Vorgehen der Darstellung finden wir noch über weitere Jahrtausende, ausgeprägt etwa im alten Ägypten, wo Menschen oft beim Kopf im Profil, dennoch darin die Augen wie von vorn gesehen übergroß, der Rumpf wieder von vorn und die Füße zum Kopf passend im Profil abgebildet sind, manchmal mit zwei gleichen Füssen, um zum besseren Erkennen den Spann zu zeigen. In England wird noch 1255 der erste dortige Elefant im Profil, aber mit vier Füssen gemalt, die frontal mit den markanten Zehen dargestellt sind, zeigt Ernst Gombrich, in dessen Geschichte der Kunst weitere meiner Annahmen für frühe Zeiten unterstützt werden.

Wir sehen diese Verfahren des Abbildens des Gewußten also sowohl in der frühkindlichen als auch in der historischen Reihe der Kognition. Wie sollte die Bild-Komposition in der frühen Steinzeit anders sein? Wie sollten Höhlenbilder, die zum Teil trotz räumlicher Nähe Jahrtausende nacheinander erstellt wurden, als wandgroße Kompositionen konzipiert worden sein, wovon noch Lorblanchet spricht, der die jüngsten Datierungen kennt und andere Fragen durchaus kritisch bespricht?

Mir kommen die Wände mit den Großkatzen oder Pferden in der Grotte Chauvet ohnehin wie Skizzenblätter vor, auch wenn spätere Figuren zu früheren in Beziehung gesetzt wurden, was nicht immer geschah, wie Übermalungen zeigen. Die Wandflächen waren im Fackelschein ja nicht so sichtbar wie in Fotografien. Gern ist von Perspektiven die Rede, die etwa in der Publikation zur Grotte Chauvet betont werden, obgleich beispielsweise mehrere Rückenlinien nach hinten grösser werden; einmal werden zugleich die Hörner von Nashörnern kleiner. Nein, keine Perspektive, die selbst wir in Schulen lernen, wenn überhaupt. Die Reihe der bedeutenden Höhlenforscher¡nnen ist übrigens bis heute auch dadurch gekennzeichnet, dass alle die je früheren Analysen zurückweisen.

Die Höhlenmalerei ist also gerade ein wichtiger Beleg für die noch geringe Kognition jener frühen Menschen des Jung-Paläolithikums, die ganz eindeutig dem Gesamtbefund jener Zeit zugehört. Das begann bei einfachen Werkzeugen über eine Zeichensprache und das Ausformen oder Schnitzen von Figuren aus Erdklumpen oder Steinen, in denen Tiere oder Menschen erkannt und weiter ausgearbeitet wurden. Diese Fähigkeit konnte gut vor der Übertragung in zweidimensionale Tafeln entstanden sein. Wachsender Siedlungsbau und schließlich die grammatikalisch komplexe Sprech-Sprache folgten. Viele weitere Fähigkeiten kamen hinzu, wie eigene Pflanzen- und Tier-Ordnungen, Nähen, Gerben, Kochen…

Erst in der zweiten Hälfte jener Epoche entwickelt sich also die Kognition immer schneller aus – nehme ich an –, weil die Wechselwirkungen sich verstärken und komplexeres Denken ebenso komplexere synaptische Strukturen erfordern wie hervorbringen. Die am Göbekli Tepe als Reliefs eingemeißelten Bilder verändern sich wenig in ihrer Grund struktur gegenüber Malereien, die über die Epoche selbst nur geringe Stiländerungen aufweisen. Demgegenüber gelten die bemalten Höhlen der Archäologie generell als Heiligtümer, womit wieder begründungslos eine besondere Qualität der Kognition betont wird, wie wir oben bereits zu den behaupteten Fähigkeiten der Frühmenschen sahen.

Noch einer der letzten bedeutenden Höhlenforscher, Lorblanchet, betont die bemalten Höhlen wie selbstverständlich als Heiligtümer und zieht dabei sogar die australischen Traumzeiten in den Komplex der Höhlenmalerei hinein, die kaum viel älter als die desaströse Kolonialisierung mit der Vertreibung der Ureinwohner¡nnen aus günstigen Umwelten sind, in denen sie durchaus Dörfer bewohnten und Planzungen pflegten. (Burenhult) Seine kritischen Analysen und vor allem seine bewundernswerten Nachmalungen großer Höhlenbilder werden durch einen solchen Rahmen beschränkt. Wie die oben angesprochenen simplen Werkzeuge mit dem Denkenkönnen von Heiligtümern zusammenpassen, bleibt unerörtert.

Zu einem Heiligtum müsste zudem eine Art frühe Kirche gehören, also auch Personen, die sie geistig tragen können, Heiler¡nnen etwa, um nicht von Schamanen zu sprechen, die eine ganz besondere historische Form solcher Personen jüngerer Zeit aus dem hohen Norden Sibiriens und Alaskas sind. Als mit den Geistern verbundene Führungsfiguren genössen sie allein oder neben Häuptlingen ein hohes Ansehen, womit wiederum soziale Differenzierungen in solchen Gemeinschaften vorauszusetzen sind, wie sie bisher erst ab vor 24.000 Jahren durch Gräber (Sunghir) erkannt wurden. Die ersten Malereien stammen jedoch von vor etwa 37.000 Jahren am Abri Castanet.

In meiner Studie werden deshalb die frühen Bildwerke, Skulpturen, Malereien, Reliefs, als solche angesehen, denen die skizzierte recht geringe Kognition zuzuordnen ist. Deshalb erscheint es als sehr zweifelhaft, dass ein Heiligtum im frühen Jung-Paläolithikum bereits gedacht werden konnte. Auch in Höhlen mit jüngerer Malerei gibt es bislang keine Quellen als Hinweise auf weitergehende Fähigkeiten, selbst die Reliefs am Göbekli Tepe fallen nicht durch besondere Kunstfertigkeit gegenüber früheren Zeiten auf. Erst die Stelen als Götter-Symbole sind ziemlich eindeutig frühe, wenn nicht die ersten Kunstwerke; sie sind nicht mehr als präsymbolisch verstehbar, wie es für die ältere Höhlenmalerei anzunehmen ist, sondern bilden real empfundene und definierte Gotteswelten symbolisch ab. Eine interdisziplinäre genauere kunstwissenschaftliche Unterscheidung über die Zeit fehlt ebenso noch; es gibt bislang nur wenige Hinweise. (Hansen)

In einigen Höhlen, die ja zum Teil auf der Zeitachse nur wenige Jahrtausende vom Geistigen Zentrum entfernt mit immer noch simplen Bildern bemalt wurden, fanden sich eine Reihe von undatierten (und unentzifferten) Zeichen, die nicht als ganz ohne Bedeutung erzeugt vorstellbar sind. In ihnen können Namen für das Bezeichnete verstanden sein. Deutet das auf eine herausragende Kognition? Zeichen- und Gebärdensprache gilt als Vorbedingung für Sprech-Sprache, die ich vor gut 30.000 Jahren langsam entstanden sehe. Dabei entwickeln sich die Regeln, die später zur Grammatik werden. Zuerst wurden wohl erlernte Laute als Namen verwendet, dann entstehen aus diesem Zusammenhang einfache gesprochene Sätze, die Gebärden ergänzen. Die erwähnten Zeichen können also durchaus mit in die frühe Zeit gehören, der keine besondere Kognition zuzuordnen ist; kein Heiligtum.

Eine abschließende Bemerkung hinsichtlich der Malerei soll den Farben gelten. Gage erwähnt in seiner Kulturgeschichte der Farbe, es habe in frühen Sprachen nur wenige Farbbezeichnungen gegeben, zuerst Schwarz und Weiß beziehungsweise Dunkel und Hell, dann kam Rot hinzu, später Grün oder Gelb, die manchmal als Reihe verstanden wurden, und danach Blau und weitere mehr. Erst mit Newton lichtete sich langsam das Dunkel zur Substanz der Farben. Das führt zu zwei Überlegungen, erstens gab es in der Steinzeit nur eine sehr geringe Farbzahl, wie wir in den Höhlen sehen; heute gefallen solche Erdfarben, weil die Moderne Kunst sie – wie simple Skulpturen – populär machte. Und zweitens scheint es wahrscheinlich, dass an Farben damals benutzt wurde, was gerade da war, nicht eine Palette. Es gilt auch diesbezüglich auf die historische Entwicklung zu sehen.[3]

Einen großen kognitiven Sprung gibt es dann beim für die Menschen spürbaren relativ schnellen Ende der Eiszeit ab vor etwa 14.000 Jahren, das Frank Sirocko aufzeigt. Der Klimawandel zwang die Nahrungsgrundlagen von Flora und Fauna nach Norden und ließ andere von Süden folgen. Das kann eine wichtige, wenn nicht die wichtigste Ursache für den Bau des Geistigen Zentrums am Göbekli Tepe gewesen sein. Die Gött¡nnen spielten verrückt und förderten nachdrücklich ergänzende Formen der Kognition, um die Situation zu begreifen und Gemeinschaften überleben zu lassen; dazu später, doch zuvor einige Reflexionen zum humanen Gehirn.

---

3 In einer Wissens-Sammlung zur Entstehung der Farbe *Blau* in der Mailing-List https:// lists.fu-berlin.de/listinfo/neo-lithics wurde festgestellt, dass diese Farbe etwa 11.000 bp erstmals aus Kupfer (Azurit) hergestellt wurde, in Hallan Cemi/ Nord-Mesopotamien, (Michael Rosenberg) das wird wohl ebenso für das chemisch verwandte Grün gelten. Zuvor gab es Schwarz und die Erdfarben aus Ocker (= Eisen; 500.000 bp), auch Weiß fand sich erstmals um 11.000 bp, in Dja'de/ Levante (Trevor Watkins).

## *Zum humanen Gehirn*

Ist das humane Gehirn seit der Zeit, mit der diese Untersuchung beginnt, immer gleich geblieben? Biologisch sprechen – wie erwähnt – primär zwei Entwicklungen dafür: erstens war bereits vor etwa 300.000 Jahren, wie aktuelle Ausgrabungen in Nordafrika zeigen, die hohe Stirn bei Sapiens zu einer äußerlichen Veränderung gegenüber Frühmenschen geworden. (MPF, 2.2017) Hinter der hohen Stirn entstand mit dem Präfrontalen Kortex der wichtigste Teil unseres Gehirn für die Sozialität; er ist relativ deutlich grösser als bei allen anderen Lebewesen. (Affentranger; Rösler) Weitere neue Studien sagen uns zweitens, erst vor etwa 35.000 Jahren habe Sapiens die vollständige Kugelform des zuvor noch flacheren und nach hinten ausladenden Schädels ausgebildet. (Neubauer u. a.) Es ist, nach dem neueren Wissen über die Funktion unseres Gehirns, kaum vorstellbar, dies sei nur eine äußerliche Veränderung gewesen; mit Lucy wurde darauf verwiesen.

Ich spreche zur historischen Unterscheidung für diese ganz frühe Zeit von prä-bewusster Kognition und vom Typus der Älteren Wildbeuter¡nnen. Erst größere Siedlun gen jener frühen Wildbeuter¡nnen, die ab vor gut 20.000 Jahren die Menschen als generell sesshaft zeigen, machen eine nennenswerte sprachliche Reflexion nötig, die die Jüngeren Wildbeuter¡nnen ausbilden. Die riesigen Bauten am Göbekli Tepe belegen dann eine Kognition mit grammatikalisch weit ausgeprägter Sprache, der Fähigkeit zur (religiösen) Erzählung und der des komplexen Planens, um die offenkundig als Gottesfiguren verstandenen Pfeiler begründen und errichten zu können; bei mir der Typus Sozialdifferenzierte Gemeinschaft. Bald oder im Zusammenhang mit jener Hochkultur entsteht mit der Landwirtschaft eine weitere gravierende Veränderung der Lebenswelten, die auf der früheren Entwicklung von wachsenden Siedlungen aufbaut, nicht plötzlich von mobilen Gruppen erfunden und in kleinen Dorfschaften entwickelt wurde, die erst später für dezentralisierten Landbau einen gewissen Sinn bekommen; dazu später.

Zwei Ansätze müssen besonders reflektiert und mitgedacht werden: (1) die Basis des Gehirns unserer Art scheint tatsächlich seit Jahrtausenden biologisch gleich zu sein; jedenfalls lässt es sich modellhaft so denken, dass immer schon die Zahl der Neuronen bei der Geburt von Kindern gleich sind, wie es für heute angenommen wird, und dennoch sehr differente Kompetenzen entstanden. Daraus ergibt sich eine ungeheure Dynamik und Flexibilität bei der Konstruktion der Welt im Gehirn bereits aller Kinder. Das gilt sowohl in ihrer nachgeburtlichen Ontogenese – die mit Haeckels Behauptungen zur pränatalen Entwicklung nichts zu tun hat – als auch in der kulturellen Phylogenese, die ersteres sozusagen sammelt und an jüngere Generationen weitergibt.

Operiert ein Gehirn auf seiner biologisch-genetischen Basis immer gleich, das sich – neben der Beobachtung und Kontrolle des Körpers – in der Steinzeit mit noch simpler äußerer wie sozialer Umwelt ebenso orientieren kann wie in der nach-modernen digitalen Abstraktheit? Bleibt ein solches Gehirn über die Zeiten biologisch immer gleich? Sind die synaptischen Strukturen dauerhaft angelegt und ändern lediglich die Prioritäten ihres Zusammenwirkens? Oder verweisen (2) die entstehenden Sprachzentren und bestimmte synaptische Verbindungen im jugendlichen Wachstum auf onto- wie phylogenetische Veränderungen neuer Qualitäten? Auch die synaptische Dichte kann sich über die Epochen gewandelt haben?

Diese schwer zu formulierenden Fragen gilt es in den folgenden Überlegungen mitzubedenken, auch, ob nicht die Kognition, die Gefühle wie wachsende Bewusstheit einbezieht, der entscheidende Faktor der humanen Entwicklung, des Handelns und sozialen Wandels ist. Gibt es kognitive Entwicklungen, die zum Beginn des Jung-Paläolithikums und später quasi autonom durch Erweiterung des Gehirns entstanden sind, in Eurasien wie in Fernost? Welche Rolle könnte epigenetische Vererbung dabei spielen? Spekulation.

Dass ein humanes Gehirn an eine Billion Neuronen und eine kaum fassbare Zahl von Verbindungen zwischen ihnen aufweist, soll hier als Hinweis ausreichen, um an dessen Komplexität zu erinnern. Die Struktur des Gehirns führt im Wesentlichen zu zwei Blicken auf die Funktion dieses Organs: mit nur (1) relativ wenigen Typen an Schaltungen zwischen Neuronengruppen/ Kernen wird – vereinfacht gesagt – vorstellbar, wie dennoch aus ihnen (2) eine außerordentliche Anpassungsfähigkeit entstehen kann. Dabei kennen Neuronen nur zwei Hauptzustände: Feuern oder nicht Feuern, die durch elektrische und chemische Signale gesteuert werden, die bewusste wie unbewusste Ursachen haben können; das gilt ähnlich für die (biologische) Evolution, einfache Verfahren konnten durch extreme Zahl der Teile über fast endlose Zeiträume den Menschen entstehen lassen.

Zum Beispiel können wir durch in Grenzen trainierbare Wiederholungs-Schleifen im Gehirn detaillierter sehen als unsere Augenoptik es möglich macht. Durch intensive Arbeit mit den Fingern, etwa beim Geigenspiel, erweitern sich deren zuständigen Hirn-Bereiche und können miteinander als reversibler Musikkrampf so verwachsen, dass zwei Finger nur noch zusammen bewegt werden können. (Rösler) Von klein auf bilden sich – allerdings im biologisch angelegten Rahmen – bei Säuglingen individuelle Strukturen der Verschaltungen, die noch im Alter verändert werden können; das wurde erstmals umfänglich bei den Londoner Taxifahrer¡nnen mit einem großen Hirn-Bereich für örtliche Orientierung (vor GPS) gemessen.

Schädigungen des Gehirns haben manchmal deshalb relativ geringe Auswirkungen, weil die betroffenen synaptischen Netzwerke sie ausgleichen können, aber oft auch irreversible Folgen. Besonders solche im Bereich des Präfrontalen Kortex können den Charakter der Person massiv negativ beeinflussen. Legendär ist ein Arbeiter, bei dem 1848 ein drei Zentimeter dickes Rohr bei einer Explosion von unten durch Wange, Auge und Stirn getrieben wurde. Er überlebte dies um Jahre, wurde jedoch unzuverlässig und cholerisch. (Wikipedia: Phineas P. Gage) Ähnliche Folgen können negative Erfahrungen in Kindheit und Jugend haben, bis hin zu einer reduzierten Größe des Präfrontalen Kortex. (Affentranger) Die Sozialität, die dieser Hirnbereich koordiniert, wird dabei eingeschränkt, was für die Geschichte der Kognition in der Phylogenese hervorzuheben ist, da dies bei frühen Menschen generell so gewesen zu sein scheint.

Denn wir wissen ja aus Mythen wie Beobachtungen sehr einfacher Völker nicht nur von erheblichen Unterschieden bei der Logik, vor allem dem kausalen Denken, sondern auch im Verhalten, das heute, vor allem im Konflikt, typischerweise kontrollierter ist. Es kann also die Ontogenese der Frühzeit durch geringere Fürsorge und Erziehung, die es kaum schon bewusst gegeben hat, die Ausbildung des Präfrontalen Kortex reduziert stattgefunden haben, um bloß einfache traditionale Verhaltensweisen zur Regel zu machen. Oder das Gehirn war früher generell aus heutiger Sicht reduziert ausgebildet, es könnte das Verhalten anders kontrolliert und also geringer synaptisch strukturiert gewesen sein als später.

Wird heute ein Kind geboren, ist nicht nur die nötige Körperkontrolle der Organe ausgebildet, während andere Teile, wie Muskeln oder Verdauung, erst intensiv trainiert werden müssen. Es bringt bestimmte Fähigkeiten mit, wie Greifen, Saugen und solche, die bislang allgemein als Instinkte bezeichnet werden, doch besser begrifflich vom Tierischen getrennt werden, empfiehlt Damasio. Im Rahmen der biologisch vorgegebenen Strukturentwicklung beginnt das Kind, sich in neuer Qualität auf die nun komplexere Umwelt zu orientieren, die dabei durch die Kultur seiner Gruppe intensiv geformt wird und von ihm ebenso erarbeitet werden muss.

Das noch kleine Gehirn konstruiert für sich, in Grenzen individuell, diese Umwelt durch Erkenntnisfähigkeit in die Strukturen der neuronalen Verschaltungen, die zugleich ein massives Wachstum zeigen. Die entscheidende Fähigkeit, die ein Säugling mitbringt, ist die gegenüber Tieren qualitativ erweiterte Lernfähigkeit, die einerseits durch das richtunggebende Strukturwachstum schnell zunimmt, wenn bestimmte Verknüpfungen der Neuronen sich regelhaft ausbilden. Andererseits beginnt zugleich ein freies Denken und Lernen (prä-bewusst).

Wie mit der empirisch analysierten Theorie des realen Konstruktivismus seit langem beschrieben, (Piaget/ Inhelder) zeigt sich heute in methodisch neuer Weise bereits sehr differenziert die nachgeburtliche Ontogenese als gerichtete, aufeinander aufbauende Reihe von Stadien des Lernens. Hier seien nur Kanten- und Flächen-Erkennung, oder Hören von Laut- und Silbenunterscheidung für die körperlichen Funktionen noch einmal erwähnt, die ausgebildet werden müssen, während Grundfunktionen des Lebenserhalts fast ganz autonom ablaufen, solange das Kind hinreichend ernährt und gepflegt wird.

Obwohl wir über die Ontogenese einigermaßen Wissen erworben haben, ist die Form, wie, wo und wann im Gehirn die synaptischen Verschaltungen angelegt und organisiert werden, noch nicht gut bekannt. Einige ergänzende Hinweise auf die Beziehung von Onto- und Phylogenese sollen diese Problemstellungen vertiefen.

## *Onto- und Phylogenese*

Sehen wir auf die kognitiven Stadien, die alle Kinder universal in ähnlicher Folge erwerben, soweit sie die Stufen kategorialer Logik – als Grundlagen der Logik der Weltvorstellung – überhaupt kennenlernen; es seien Raum, Zeit, Substanz/ Materialität und vor allem die Kausalität von Ursache und Wirkung noch einmal genannt. So wie sie Zeigen vor Gebärden und gegebenenfalls Sprechen lernen. Ein Blick in unsere Märchen oder die frühen Begründungen der Welt in Mythen geben Auskunft über die Entwicklung dieser Vorstellungen von animistischen Weltvorstellungen mit Geistwesen in allen Dingen, dann im europäischen Kulturkreis über Göttinnen des Altertums zur Antike bis hin zum christlichen Schöpfergott; der kam dennoch selbst nicht in die Welt, sondern war – als oder in der Dunkelheit – einfach da, was mit heutiger kausaler Logik nicht nachvollziehbar ist.

Und für die ganz frühe Zeit ist von prä-animistischen Vorstellungen auszugehen; wie sollte diese geistige Entwicklung sonst begonnen haben? Einen Zwischenschritt zur heutigen Zeit belegen dann empirisch die rezenten Urvölker mit ihrer generellen Ausbildung nur einer traditionalen Logik. So kann gesagt werden, die Weltvorstellung hat sich von einer traditionalen Form, soweit dies in Gemeinschaften rudimentär überhaupt bereits der Fall war, zur rationalen Logik entwickelt, der Prozess dauert noch in modernen Gesellschaften an (selbst wenn schon viel von Prozessen die Rede ist, die aber oft noch nicht vertieft im Sozialen als sich selbst verändernde verstanden werden, sondern bloß als Änderungen; irgendwie).

Zur Erinnerung: in den älteren Darstellungen Piagets, die heute noch als Grundlage dieser weitergeführten Wissenschaft gelten, (Bischof-Köhler; Tomasello, 2006) folgen dem traditionalen Denken das konkret-operationale Stadium und ab gut zwölf Jahren das formal-operationale Denken. Zu diesen beiden Stadien ist eine systematische (Schul-) Bildung nötig; operationales Denken kann über Denken nachdenken, zuerst mit Hilfe konkreter Objekte, mit Fingern zählen etwa, dann vollständig abstrakt nur im Kopf. (Ginsburg/ Opper)

Im Tier-Mensch-Übergang und dann bei der Gattung Homo wird die Entwicklung des Gehirns deutlich (das seine biologischen Anfänge, das Stammhirn, sehr viel früher zumindest seit den Reptilien hat). Dieses sich entwickeln als kognitiver Prozess bekommt bei der Spezies Homo sapiens eine besondere Qualität, der ja eine biologische Stabilität zugeordnet wird. Deshalb gilt für die Fähigkeit bei Kindern hinsichtlich des Lernens in der frühen Ontogenese universal: das war immer so, wie Dux es formuliert. (2008) Dadurch wird es möglich, auch in die Steinzeit zu blicken, zumal wir das Gehirn heute immer differenzierter erkennen. Der Prozess des frühkindlichen Erwerbens der kategorialen Logik stammt ja aus der strukturalen Entwicklung des neuronal-synaptischen Netzwerks und entwickelt heute schnell ein freies Denken in Richtung eines ausgeprägten Bewusstseins, für das Damasio ein dreistufiges Modell entwickelte; dazu gleich.

So ergeben sich zwei Sichtweisen. Für Kleinkinder scheinen – wie gesagt – (1) alle Dinge, die es sieht, die ihm gezeigt oder gereicht werden, sich von allein zu bewegen, da etwa die führende Hand noch nicht erkannt werden kann. Alles in der Welt ist Handeln, Subjektivität. Hinter allem steckt eine Kraft, ein Geistwesen, später Gott. Und wenn die Bezugspersonen das immer noch so sehen, ist aus dieser Vorstellung kaum herauszukommen – traditionales Denken wird zur

Ewigkeit; von den Religionen erzwungen, bis endlich die Naturwissenschaften sich durchsetzten. Mit dem Blick der historischen Analyse wird nun (2) deutlich, wenn alle Kinder des Homo sapiens ihre Kognition in bestimmter Stadienfolge erwerben, soweit sie das in schlichter Umwelt überhaupt können, dann kann sich auch die Phylogenese nur darauf aufbauend entwickelt haben.

Nur was Individuen als (immer soziales) Handeln erlernt haben, kann soziale Gruppen, Gemeinschaften und Gesellschaften prägen, in denen wiederum wechselwirkend Kinder geprägt werden. Nach der Stabilisierung der Art musste der nur noch soziale Wandel, mit dem auch äußere Änderungen bewältigt werden, und der die Lebensweisen des Homo sapiens gekennzeichnet hat, dem Verlauf des traditionalen Denkens folgen. Was als parallele Prozesse erscheint, hat allerdings unterschiedliche Ursachen, (1) wechselwirkend individuelles Lernen wie (2) die soziale Prägung der Gemeinschaften in der Phylogenese über die Umwelten (inclusive Menschen, Ideologien...).

Auf dieser Basis wird die Kognition zum Movens der Geschichte. Und es wird möglich, diese Geschichte rückwärts blickend zu analysieren, um sie dann in ihrer wesentlichen, empirisch gefundenen Entwicklung zu beschreiben. Deshalb kann gesagt werden, die archäologischen Funde und interdisziplinäre Forschung lassen bald nach dem Beginn des Jung-Paläolithikums vor 40.000 Jahren nur eine soziologische Analyse der Geschichte zu, weil seither der Mensch biologisch gleichgeblieben ist und entsprechend seine Fähigkeiten durch Betrachtung seiner Werke analysiert werden können. Das gilt, wenn auch das Gehirn seither biologisch stabil blieb; ich schlage vor, die Frage forschungstaktisch noch offen zu lassen, ob sich das Gehirn nicht doch besser als sich weiterhin ändern könnend verstanden werden sollte.

Manches spricht dafür, die Biologie des Gehirns blieb stabil, nur die der jeweiligen Umwelt angepasste synaptische Vernetzung führt durch unterschiedliches Feuern/ Nichtfeuern zu Veränderungen des Verhaltens, so wie jedes Blickwenden Spuren im Gehirn aufweist; verkürzt gesagt, ohne erst neue Synapsen zu bilden. Jedoch gibt es offenkundig im humanen Lernprozess gravierende Veränderungen, die sich ebenso angepasst haben müssen. Das wichtigste Element in diesem Prozess oder diesen Prozessen der Menschwerdung ist wohl das Erwerben der auf Gebärden-Kenntnis aufbauenden Sprech-Sprache und des Bewusstseins, das wiederum intensiv mit dem Selbstgespräch verbunden ist.

Sprache wird – hörten wir – wesentlich in zwei linksseitigen sogenannten Sprachzentren prozessiert (Broca- und Wernicke-Zentren). Als neuronale Kerne sind sie bereits bei einigen Tieren angelegt und haben früh wohl mit den Extremitäten zu tun. Sie konnten jedoch nur durch Sprechen werden, was sie heute sind. Ob bei solchen Änderungen vorhandene Synapsen jeweils anders genutzt werden oder bei dauerhafter oder häufigerer neuer Nutzung neu wachsen, oder ob beides gilt, scheint für die Phylogenese noch nicht hinreichend untersucht zu sein. Es ist wohl auch eine Frage der Definition, ob etwa die Sprachzentren eine biologische Änderung darstellen oder nur anders, differenzierter, genutzt werden.

Bei Menschen werden die Sprachzentren auch für Handgebrauch und Musik mit verwendet. Das wäre gut mit der genannten These verbindbar, es habe sich aus Zeigen und Gebärden die kognitive Basis für Lautbildung, die durch eine körperliche Veränderung des Kehlkopfes mit bewirkt wurde, (Lucy) entwickelt. Daraus entstand Sprechen als diese Fähigkeiten immer häufiger genutzt und frühe Laute zuerst als erlernte Namen verwendet wurden. Das Gehirn, ließe sich dann sagen, hat, von normalen Kernen ausgehend, mit den nun Sprachzentren eine Spezialisierung entwickelt und sich zugleich strukturell ausdifferenziert, es wurde zu differenzierterem Gebrauch fähig. Was davon ist noch Biologie, was lernen Kinder je nach Komplexität ihrer Umwelt, ist wieder zu fragen, ohne schon Antworten zu haben.

Sehen wir weiter auf die Sprache. Während beim Treffen in der Wildnis die Zeichensprache besonders zur Verständigung geeignet ist, wird in der sich entwickelnden großen Siedlung die Kombination mit Sprechen und Regeln wichtiger. Das gilt insbesondere zwischen Kindern ohne gemeinsame Sprache, die heute für sich in solcher Situation sehr schnell eine neue (Pidgin- und Kreol-) Sprache generieren. (Hadumod Bussmann) Auch die Umwelt wird in einer größeren Siedlung differenzierter, und das gilt entsprechend für ihre (Re-) Konstruktion im Gehirn bei wachsender Unterscheidungsfähigkeit; etwa dem Blick auf die Mimik, die viel über Krieg oder Frieden aussagen kann.

Vor allem gilt es nun, auch mit Fremden friedlich zu kommunizieren, was für isoliert lebende Gruppen meist schwierig ist, die Fremde oft nicht einmal als Menschen akzeptieren (viele Eigennamen von Stämmen sind mit Mensch zu übersetzen, was nur sie seien). Gegenüber mobil lebenden Gruppen bringt die Sesshaftigkeit mit ihrem Besitz in wachsenden Siedlungen ein zusätzliches Moment, das sofortige Flucht bei Konflikten in den Hintergrund der gedanklichen Möglichkeiten drängt. Um zu bleiben muss kommuniziert werden; sei es durch bewusst geführten Krieg. Aus der spontanen Aggression wird die geregelte Blutrache…

## *Psyche und Bewusstsein*

Es gibt zwei weitere Bereiche zum Durchdenken von Historizität und Differenzierung der Kognition, die sich immer im Gehirn materialisieren muss, das sind Psyche und Bewusstsein. Blicken wir auf heutige psychische Probleme und Abweichungen, wird als wesentliche Ursache oft Stress erkannt, sagen Gerhard Roth und Nicole Strüber. Und manche Auswirkungen dieser Probleme erinnern an normales Verhalten von rezenten Urvölkern, (Lévy-Bruhl) die wir zudem oft ähnlich bei Leuten mit Verletzungen des Präfrontalen Kortex finden.

Daraus ergibt sich die Frage, ob solche Verhaltensweisen nicht generell auf frühere verweisen, die ich oben als wirr charakterisiert habe. Das wurde in der Forschung früher bereits gefragt, wie manches hier, doch durch besseres Wissen haben wir heute einen weiteren brauchbaren Hinweis auf eine historisch fortschreitende Differenzierung der Kognition, deren Logik jedoch selbst in unserer rationalen Gesellschaft in manchen Fällen nicht erreicht und als Abweichung erst heute diagnostiziert werden kann und damit erzeugt wird.

Basis der Annahme einer historischen Differenzierung des steinzeitlichen Gehirns bis heute sind also die modernen neurologischen Wissenschaften. Ich stelle mir den Typus der heutigen Gehirne in den europäisch geprägten Kulturen als erst seit dem 20. Jahrhundert hochkomplex und ausdifferenziert vor, wobei ausdifferenziert für die Ordnung der synaptischen Struktur steht und für mehr Unterscheidungsfähigkeit; also kein Identitätsdenken mehr. Seit die Neurologie zu solcher Diagnose fähig wurde, gibt es Menschen mit nun definierten geistigen Störungen oder als krankhaft zu diagnostizierendem Geist, wenn von äußeren biologischen Schäden abgesehen wird.

Menschen mit Antisozialer Persönlichkeitsstörung (APS), wie sie von Roth/ Strüber beschrieben werden, zeigen also zum Teil Verhaltensweisen, die wir bei rezenten Urvölkern als typisch finden. Das sind beispielsweise Impulsivität, Unzuverlässigkeit, fehlende Vorausschau und Kontrolle, was manchmal als Mut erscheint und für Krieger hilfreich sein mag, geringe Selbstkontrolle, leichte Erregbarkeit, schnelle Bereitschaft zu Gewalt im Konfliktfall. Diese Bereiche werden weitgehend vom Präfrontalen Kortex kontrolliert, oder eben nicht. (Affentranger) Solche Gewalt ist bei rezenten Urvölkern, wie lange zuvor bei Achill, fast regelhaft mit spontaner Ehrverletzung verbunden, sofern die bereits empfunden werden kann, und später (fast) universal mit Blutrache; ebenfalls bei Achill. Die Blutrache ist jedoch zugleich bereits eine frühe soziale Kontrolle solcher Reaktionen, die sich ebenfalls erst einmal entwickeln musste, vor allem in eng zusammenlebenden Bevölkerungen. Allerdings gibt es bereits bei Affen deeskalierendes Eingreifen in Kämpfe; selbst wo solche naturhaften Affekte gedanklich (kurzschlüssig, da biologistisch) berücksichtigt werden sollen, sind sie in humanes, soziales Handeln zu übersetzten, das nicht gleich Tieren operieren muss.

Nach der Ausdifferenzierung der neuen Qualität der Kommunikation im frühen Jung-Paläolithikum kommt es in wachsenden Siedlungen notwendig zu weiteren Lernleistungen, die bis zur Fähigkeit des Denkens eines strukturierten Animismus führen, in welcher Form auch immer. Die Welt wird vielfältiger und muss gedanklich intensiver geordnet werden. Am Göbekli Tepe geschah das bis hin zur Konzeption einer komplexen Religion, die über Bauplanung und -ausführung entsprechender Bauten zu einer wildbeuterischen

Hochkultur führte. Dort sehen wir deshalb wohl erstmals auf ein ausgeprägtes traditionales Denken, vielleicht bereits im Grenzbereich zu einem konkret-operationalen Stadium bei einzelnen Leuten. (nach Piaget)

Was mit unserem heutigen Wissen als geistige Störung erscheint – so ist also meine These –, war in früheren Jahrtausenden Normalität. Zu diesen Betrachtungen gehört als weiterer Bereich die Ausbildung des Bewusstseins. Oben wurde von der entstehenden neuen Form der Kommunikation gesprochen, davon auch, dass zu Beginn des Jung-Paläolithikum bei jenen Menschen prä-animistische Weltvorstellungen anzunehmen sind, bei denen die Umwelt von Geistwesen durchdrungen war, jedoch noch keine namentlich bestimmten Geister benannt werden konnten. Später sind animistisch-religiös verbrämte, nun aber benannte und geordnete Geistwesen wahrscheinlich, bis am Göbekli Tepe eine definierte Religion mit differenzierten und hierarchisierten Gött¡nnen ausgearbeitet war. Dass zwei mittig aufgestellte Figuren bereits als Männer gekennzeichnet sind, kann kaum als gutes Zeichen für die Frauen verstanden werden, ohne etwa von so etwas wie einem urzeitlichen Matriarchat mit der großen Muttergöttin auszugehen, für das es keinerlei Funde gibt, nicht einmal ernstzunehmende Hinweise, wie in den Materialien ausführlich erläutert wird.

Als Kennzeichen jener ganz frühen Teil-Epoche wurde hier erst einmal hilfsweise von prä-bewusst gesprochen. In der bisherigen Forschung – sahen wir – ist demgegenüber zum Teil für jene Zeit (und wesentlich früher bei Frühmenschen) von der Fähigkeit nicht nur der Sprache, damit auch Bewusstheit, die Rede, sondern oft wird ein symbolisches Denken zumindest für die Anlage der Bilderhöhlen als Heiligtümer unterstellt, das jedoch auch als historisches Produkt analysiert werden muss; wachsend. Nun ist unstrittig bereits bei Tieren von einer Repräsentanz der Umwelt im Gehirn zu reden, sonst wäre ihnen eine Orientierung nicht möglich. Doch sollte der Klarheit der Begriffe wegen und weil hier eine historische Forschung behandelt wird, eine möglichst effektive Unterscheidung angestrebt werden. Dies zu bedenken gilt umso mehr, als es für die Steinzeit bislang keine hinreichenden Definitionen gibt. Symbol, scheint mir sinnvoll zu sagen, enthält ein ausdrücklich bewusstes Element.

Damasio definiert: „Bewusstsein im vollständigen Sinn des Wortes entstand, nachdem derartiges [im Gehirn gespeichertes] Wissen in Kategorien eingeteilt, in unterschiedlichen Formen (darunter eine rekursive Sprache) zu Symbolen verarbeitet sowie durch Fantasie und Vernunft manipuliert wurde". (2011: 195) Doch evolutiv entstehe zuerst der Geist, wenn die Steuerung organisierter Bewegung möglich werde. Als weitere Stufe erzeuge das Gehirn Karten zur eigenen Körper-Information und daraus dann bewusste Bilder. Die Genese des Bewusstseins wird von ihm in drei Phasen geteilt: 1. Protoselbst, 2. Kern-Selbst als Bedingung für Sprache und 3. autobiografisches Selbst zusammen mit der Schrift ab vor 5.000 Jahren in Sumer.

Das Protoselbst umfasse wesentlich die Körperfunktionen, es gibt noch kein Bewusstsein. Komme durch im Gehirn erzeugte Karten/ Bilder die Interaktion mit „zu kennenden Objekten" aus dem eigenen Körper und der Umwelt hinzu, entstehe das Kern-Selbst, da mit neu erkannten Objekten die Karten komplexer werden (müssen). Diesen Übergang stelle ich mir beim frühen Homo sapiens vor, wenn also der größere Präfrontale Kortex die prä-bewusste Lernfähigkeit und das Sprechen auf Basis des Gebärdens generell möglich macht. Das autobiografische Selbst entstehe dann durch die erworbene Fähigkeit zur Selbstreflexion. Bedenken wir lange Übergänge, ist dieser Prozess mit dem Beginn des Jung-Paläolithikums und dann den wachsenden Siedlungen verbindbar.

Unsere neueren Kenntnisse über den Göbekli Tepe sprechen wohl dafür, dort die Ausbildung von autobiografischer Selbst-Bewusstheit als generell vorhanden zu sehen, auch wenn dieses Selbst noch nicht als Ich gedacht worden sein wird, sondern als ein Wir der eigenen Gruppe, wie es Frankfort/ Wilson/ Jacobsen für Mesopotamien und Ägypten des Altertums skizzieren. Jene Menschen empfanden sich mit ihrer Gruppe/ Familie und dem Ort als identisch; das ist zusammen mit der traditionalen Form von auf Gotteshandeln gründender willkürlicher Kausalität ein wichtiges Kennzeichen früher Kognition, das wir wiederum bei rezenten Urvölkern finden; und bei heutigen Kindern. (Bischof-Köhler)

Eine zu ähnlichen Ergebnissen führende Entwicklungsreihe sehen wir für Denken und Sprache bei Tomasello. Der unterscheidet für die Fähigkeit zur Kommunikation die Phasen von 1. Homo, 2. Früherem sapiens und 3. dem Späteren sapiens. Er will diese Stufen nicht zeitlich einordnen, wie ich es aber mache. Homo kann kaum anders verstanden werden als damit Frühmenschen der Gattung Homo zu sehen. Im frühen Jung-Paläolithikum sehe ich den Früheren sapiens. Den Übergang zum Späteren sapiens mag Tomasello sich – analog zu Damasio – ebenfalls für die Städte Sumers vorgestellt haben. Doch aus seinen Beschreibungen dieser Stufen ist nunmehr wieder der Göbekli Tepe als Ort einer weitgehend ausgeprägten Sprache anzunehmen. Nach Ergänzung der früheren Zeichensprache, sagt Tomasello, entstehe die Kommunikation des Späteren sapiens durch Ausbildung der primären grammatikalischen Sprech-Sprache und die Fähigkeit zur Erzählung und Mythe.

Beide mussten für die Konzeption der dortigen Religion und die Planung jenes Geistigen Zentrums vorhanden gewesen sein. Dort wurde die Entwicklungslogik von Bewusstsein und Sprache vielleicht erstmalig als qualitativ bedeutender Stand der Kognition vor 11.500 Jahren in Stein gehauen. Auch deshalb nenne ich jenes, aus der Entwicklung verdichteter Wohnformen als frühe Urbanität erst möglich gewordene Bauwerk den Beleg für eine erste, eine wildbeuterische Hochkultur. Meine Darstellungen dieser Entwicklungen orientieren sich an einer Übersicht der denkbaren Praxis, wie bereits oben beim Entwickeln des Speerwurfs als weitgehend unbewusst deutlich wurde; ein anderes Bestimmen der Bewusstwerdung, das bereits beim Oldowan-Menschen mit dessen Faustkeil und dem humanen Rachenraum ansetzt, findet sich bei Dux. (2017)

Der Blick auf die Biologie des Gehirns und die Geschichte der Kognition – erinnere ich noch einmal – lässt es wohl sinnvoll erscheinen, noch nach der Stabilisierung der Spezies Homo sapiens, die im Rahmen der typischen biologischen Variation verblieb, dennoch dem Gehirn eine Sonderrolle zuzuweisen. Deshalb ist in Frage zu stellen, ob dieses Organ überhaupt sinnvoll als stabilisiert eingeordnet werden sollte, bevor wir mehr wissen. Und die Differenzierung der Kognition zur heutigen rationalen Weltvorstellung scheint angesichts der Digitalisierung zu immer komplexerem und vor allem abstrakterem Denken noch lange nicht am Ende der Möglichkeiten zu sein.

Als Sapiens entstand, lebten die ersten von ihnen ja zwischen Frühmenschen der Art Homo erectus. Jener Stand des Denkens konnte wohl auch mit weniger Neuronen erreicht werden. Das humane Gehirn wurde doch Jahrtausende nicht annähernd im heutigen Maß gefordert. Wahrscheinlich ist die Frage bedeutender, ob sich nach dem Beginn des Jung-Paläolithikums mit der neuen Form der Kommunikation und der Ausdifferenzierung des Denkens, wie der Umnutzung dann der späteren Sprachzentren, nur die Gliazellen und die Vernetzung mit Leitungen und Synapsen vermehrt haben können.

Wir wissen von wichtigen synaptischen Leitungsverbindungen zwischen den Sprachzentren, die bei Tieren nicht vorkommen, (Friederici) aber nicht, ob diese erst mit dem Sprechen wachsen oder dessen Voraussetzung sind. Ähnlich ist es mit einer für die werdende Individualität notwendigen Verknüpfung zwischen den Frontallappen des Großhirns und dem hinteren Schläfenlappen, mit der erst ab dem vierten Lebensjahr die Theory of Mind ausgebildet werden kann, (MPF, 1.2017) die nach dem Erwerb der Empathie – eigenes Fühlen gegenüber dem anderer zu erkennen – das Wissen über das eigenständige Denken erlaubt. Empathie und Theory of Mind bilden zugleich einen wichtigen Zusammenhang. Wieder ist zu fragen, entstehen diese Nervenleitungen immer, oder nur bei entsprechender geistiger Betätigung, die heute normal ist? Auch deshalb scheint es forschungstaktisch sinnvoll, nicht vorschnell feste Bestimmungen zu treffen; bis vor einigen Jahrzehnten galt das Gehirn als mit der Geburt stabil fertig ausgebildet und unveränderlich. Und es ist an die oben besprochene Ausdifferenzierung des Denkens von Wirr zu Rational zu erinnern, deren Umweltbedingungen nun zu besprechen sind.

## *Urbanität in der Steinzeit?*

Wir wechseln den Blick von eher individuellen Begründungen der Entwicklung der Kognition hin zur sozialen Situation, zur Umwelt, die die Menschen mit ihren Ideologien einschließt. Mit der größeren Siedlung entsteht ab vor gut 20.000 Jahren ein neuer Typus der Lebensweise, bei mir die Jüngeren Wildbeuter¡nnen. Bald wurde es am Rand großer Siedlungen für das Sammeln zu eng; die (ideellen Torten-) Stücke des Umlandes werden für Familien immer kleiner. Gärten und Landbau konnten die Lösung beim Flächenmanagement sein, bis die sumerischen Großstädte diese Landwirtschaft kolonisieren mussten, um existieren zu können. Doch es beginnt lange vor dem Neolithikum, der Landwirtschaft als primärer Produktionsweise, so etwas wie eine kulturelle Entwicklungslinie der Urbanität, die ich – wechselwirkend – für ein entscheidendes Bewegungselement von Kultur und Kognition im Jung-Paläolithikum und darüber hinaus halte. Eine erste lange Phase reicht bis hin nach Sumer und Ägypten; ohne von Kontinuitäten auszugehen, wie wir noch sehen werden.

Kultur als über tägliche Arbeit hinausgehende Lebensweise beginnt nicht mit dem Ackerbau, wie es oft gesagt wird. Die Sozial-differenzierte Gemeinschaft vom Göbekli Tepe erscheint in diesem Sinn als erste Hochkultur, die vor allem in der (unbekannten) Siedlung seiner Erbauer¡nnen entstand. Dort kam es nach heutigem Wissen erstmalig zu so etwas wie einer voll ausgebildeten traditionalen Kognition mit Sprech-Sprache, Bewusstsein, Mythen und einer definierten Religion; vielleicht auch zu ersten Strukturen institutionalisierter Herrschaft. Womöglich gab es Sklavenwirtschaft, spekuliere ich, für die die ökonomische Bedingung, dass Menschen mehr Nahrung beibringen als verbrauchen, offenbar gegeben war. So oder so mussten mehr oder weniger Leute für deren Ernährung und bestimmte Bauphasen abgestellt werden. Die großen Anlagen wie ebenso die zumindest später riesige Region dieser Kulturgemeinschaft (2. Bauform) verlangen nach weitergehenden Antworten zu jener Wildbeuter¡nnen-Kultur, die ohne ergänzende Funde nicht recht vorstellbar scheinen.

Die archäologischen Funde von Werkzeug und Wohnstätten sowie der Kommunikationsfähigkeit zeigten deutlich, wie seit dem Beginn des Jung-Paläolithikums zuerst nur langsam eine gegenüber Erectus und Neanderthalensis bessere Qualität ausgebildet wurde. Aus meiner Studie ergeben sich sieben wesentliche Elemente zur Entwicklung der Kognition bei Homo sapiens bis zum Göbekli Tepe:

(1) Als ersten gravierenden historischen Umbruch sehe ich die biologische Ausbildung des Präfrontalen Kortex bei Sapiens als Möglichkeit zu höherer Kognition, den ich als einen: Kognitiven Systemwechsel bezeichne, und die finale Schädelform. Mit ihr ist vielleicht ein besseres Gedächtnis entstanden, das kein Zentrum analog zu den Sprachzentren hat und Informationen über weite Bereiche des Hirns, mit wichtigen Teilen im Hinterkopf (!) abspeichert.
Als wesentlichen Gesamtausdruck dieser neuen erweiterten Kognition verstehe ich die neue Qualität der Kommunikation zu Beginn der Epoche.

(2) Der zweite Umbruch ist die generelle Ausbildung einer noch rudimentären Sprech-Sprache aus der Kognition der Gebärden heraus, die,

(3) drittens, vor allem in größeren Siedlungen und Gruppen weiter ausgeprägt wird und,

(4) viertens, am Göbekli Tepe eine primäre grammatikalisch strukturierte Form gewinnt, mit der Mythen und Traditionen formuliert wurden.
(5) Fünftens entsteht parallel dazu mit der wachsenden Sesshaftigkeit, die eine Reduzierung der siedlungsnahen Sammelregionen pro Familie nach sich zieht, weitergehender Druck zu Landbau und Großsiedlung, wodurch
(6) sechstens die Notwendigkeit zur konzentrierteren Nahrungsvorsorge entsteht, dazu Lagermöglichkeiten und beginnende Landwirtschaft.
(7) Siebtens gibt es hinreichende Anzeichen dafür, das Geistige Zentrum sei zugleich an ein Handelsnetz angebunden gewesen, wie es wenig später in relativer Nähe belegt ist. Eine erste urbane Hochkultur war entstanden; vielleicht mit Anfängen der Schrift in Form einzelner in Stein gravierter Zeichen.

Auf dieser Grundlage wurde von mir die Gesamtepoche in die drei Typen von Lebensformen unterschieden, in Ältere und Jüngere Wildbeuter¡nnen sowie im Nahen Osten in die Sozial-differenzierte Gemeinschaft, die den Göbekli Tepe errichtete. Auf ihre Ausprägungen sei nun etwas ausführlicher hingewiesen, um den Geschichtsverlauf des Jung-Paläolithikums besser kennen zu lernen, bevor der soziale Wandel weitergehend besprochen wird.

## *Ältere Wildbeuter¡nnen*

Für die langsame Ausweitung der Streifgebiete von Afrika über die Levante, dem östlichen Mittelmeerraum, zum Schwarzen Meer und dann die Donau hinauf, werden 10.000 Jahre veranschlagt, ermittelte schon früh Luigi Luca Cavalli-Sforza. Lange zuvor hatte es einige erste Besiedlungen nach Norden gegeben, wie Avraham Ronen schreibt, und auf den Peloponnes; (Scinexx.de, 11.7.19) die konnten sich wohl nicht verstetigen. Als im Moment ältester Beleg im Westen gilt ein von Sapiens hergestellter roter Fleck in einer Höhle des El Castillo in den Pyrenäen, der auf 40.800 Jahre vor heute datiert ist; die Ungenauigkeit der Messwerte kann jedoch für die frühe Zeit um ±500 Jahre und mehr betragen, wie es für manche Höhlenmalerei angenommen wird. (Lorblanchet) Die ersten wesentlichen Funde der Teil-Epoche, die die Archäologie das Aurignacien nennt, das etwa bis vor 32.000 Jahre dauerte, sind die Zeichnung eines halben Rindes von vor etwa 37.000 Jahren am Abri Castanet, und dann folgen aus Schichten, die um 1.000 Jahre jünger eingeschätzt sind, kleine Figuren – u. a. Mammut, Frau und der sogenannte Löwenmensch – sowie die mehrlöchrigen Flöten auf der Schwäbischen Alb. Als frühe Siedlungsplätze dieser Zeit gelten bisher in den ersten 5.000 Jahren sechs Orte, nach den nächsten 3.000 Jahren sind es dann bereits 20 so datierte Fundstellen im westlichen und östlichen Eurasien. (Eiszeit) Die Kälteresistenz jener Menschen war offenbar grösser.[4]

---

4 Wim Hof hat sich trainiert, ungewöhnliche Kälte, etwa im Eisbad, auszuhalten. „Die ungewöhnliche Kältetoleranz des Niederländers ist auch für die Wissenschaft interessant", schreibt Spiegel.de (9.10.18). Es geht um andere Atmung, Muskelwärme... (Materialien)

Erst in dieser Phase hat sich die Werkzeugherstellung von Sapiens den früheren Standards entfernt. Nichts deutet aus der Sicht der hier vorgetragenen Thesen zur kognitiven Entwicklung darauf hin, für die Herstellung dieser Funde sei eine ausgeprägte Sprech-Sprache Voraussetzung gewesen. Gebärdensprachen werden allzu leicht unterschätzt. Die Fähigkeit zum Zeichnen und Malen, die wohl der Fähigkeit der dreidimensionalen Darstellung folgte, wird alltäglich praktiziert worden sein, in Sand oder an Wände; sie ist nur allein in Höhlen überliefert. Der Zeitraum, der bislang im Westen Eurasiens als Aurignacien benannt ist, erscheint dementsprechend als die wichtige Umbruchzeit zur beginnenden Sprech-Sprache auf Basis von Gebärden zusammen mit als Namen verwendeten erlernten Lauten. Eigenschaften dieser Zeit sind hier mit dem „prä-" als historische Frühform gekennzeichnet. Tomasello – nehme ich vorweg – nennt als Grundfähigkeiten der Kinder seiner Gruppierung: (nach *Affen) Homo* = Imitation von Handlungen; *Früherer sapiens* = Imitation durch Rollentausch; *Späterer sapiens* = soziale Imitation. (2011)

## *Jüngere Wildbeuter¡nnen*

Ab dem Ende des Aurignaciens vor 32.000 Jahren sind in der Grotte Chauvet Höhlenmalereien entstanden, schlichter als später die heute meist angesprochen Darstellungen, die dann mit den Höhlen wie Altamira und Lascaux genannt werden, und die zum Teil erst im Magdalenien entstanden, der letzten Teil-Epoche des Jung-Paläolithikums. Ab vor gut 20.000 Jahren kann der Typus der Jüngeren Wildbeuter¡nnen als intensiv sesshaft in größeren Siedlungen lebend durch die Funde erschlossen werden. Die Speerschleuder und die Nähnadel mit Öhr werden erfunden, beide zeigen eine wachsende Kognition und Koordination von mehrteiligen Geräten!

Vor allem weisen Grabfunde schon für sehr frühe Zeiten auf sozial geschichtete Lebensweisen hin: die Gräber von Sunghir von vor 24.000 Jahren (Russland), in denen bei einem Mann und im zweiten Fall bei zwei in einem Grab beigesetzten Jugendlichen je etwa 10.000 Perlen gefunden wurden, die wohl an die Kleidung genäht waren. Besonders letztere belegen den ausgeprägten sozialen Status, den vor allem die junge Frau durch soziale Behinderung kaum schon selbst erworben haben wird, während junge Männer bereits gute Jäger sein konnten. Ähnliche Gräber fanden sich an der Nordküste des Mittelmeeres. Etwa 18.000 Jahre alt ist das Grab einer Frau in Spanien, die als „Rote Königin" bezeichnet wird, weil auch dieses in herausragender Weise ausgestattet ist; die Frau eines Großen Mannes sollte auch in Betracht gezogen werden.

Zuletzt sei im Bereich des Urals auf eine als 18.000 Jahre alt neu datierte große menschliche Figur aus Holz verwiesen, die ebenfalls auf eine relativ weitgehende kulturelle Entwicklung zu schließen erlaubt, obwohl die Schnitzerei noch an den älteren kleinen Löwenmenschen der Schwäbischen Alb erinnert (wie an eine große steinerne Figur am Göbekli Tepe und zeitgleich eine einfacher gestaltete aus Stein im heutigen Şanlıurfa). Es wurde auch eine Reihe von Siedlungen im Osten gefunden. Wachsende Siedlungen wurden ergraben – wie gleich gezeigt wird – und geben ein besonders wichtiges Zeugnis für die weitergehende Sprech-Sprache und Kultur ab.

## *Sozial-differenzierte Gemeinschaft*

Die dritte Abteilung meiner Analyse, die Sozial-differenzierte Gemeinschaft vom Göbekli Tepe, ergänzt kulturell deutlich die Jüngeren Wildbeuter¡nnen und damit die schneller werdende Entwicklung der Typen von Lebensweisen während des Jung-Paläolithikums und des Nahen Ostens. Die Kulturgemeinschaft, die das Geistige Zentrum vom Göbekli Tepe religiös konzipieren, planen und bauen konnte, hatte vielleicht ihren Hauptort unter der Altstadt des heutigen Şanlıurfa, meint Schmidt. Größere Siedlungen wurden deutlich früher in der weiteren Umgebung gefunden, ebenso ein nur wenig jüngeres Verkehrsnetz in dessen Nähe. (Michael Roaf; Fiona Coward)

Die Bauten des Geistigen Zentrums sind vergrößerte Formen der damals allgemein verwendeten Rundhütten, wie sie bereits in Gönnersdorf und anderswo bestanden. Allerdings meint auch Schmidt, jene Monumente waren ohne Dach geplant. In manchen frühen Mythen wird die Welt durch den Wind oder Berge, auch Masten oder Geistwesen, in Erde und Himmel getrennt, etwa in Mesopotamien durch Zikkurats, oder in Ägypten, wo die Göttin Nut wie ein Tier stehend selbst zum Himmel wird, um Platz für menschliches Leben zu schaffen. Die beiden Hauptgötter am Göbekli Tepe – spekuliere ich deshalb – stützen kein Dach, sondern sie tragen den Himmel, damit Leben unter ihm Platz hat.

Das rasche und für die Menschen fühlbare Ende der Eiszeit ab vor 14.000 Jahren hatte die Nahrungssituation deutlich verändert. (Schyle/ Uerpmann) Ein neues Denken wurde nötig, um dieser Situation gewachsen zu sein, das ich mit dem Bau des Göbekli Tepes als Geistiges Zentrum vor allem symbolisiert sehe; vielleicht war es eine Art Orakel.

Der Bestand jener Gemeinschaft über 1.000 Jahre, der durch den Ort Nevalı Çori mit der zweiten Generation der (kleineren) T-Pfeiler belegt ist, macht es wahrscheinlich, jene Entwicklung auch mit der Durchsetzung der Landwirtschaft in Verbindung zu bringen, wofür es in der älteren Fundschicht, in der die Anlage D steht, noch keine Belege gibt. Es wurden nur oberflächliche, undatierte Reibschalen für Korn gefunden; weitere Hinweise zu den Bauwerken vom Göbekli Tepe gleich.

## *Sozialer Wandel im Jung-Paläolithikum*

Die Archäologie unterscheidet für das Jung-Paläolithikum eine Reihe von Kulturen, die vor allem über Industrien von Werkzeugen, wie etwa das Aurignacien, definiert und nicht fest an Zeiten gekoppelt sind. Der Landbau, das Neolithikum, beginnt in Eurasien fast 5.000 Jahre nach dem im Nahen Osten. Für die hier benötigte Übersicht können diese Kulturen im Westen Eurasiens jedoch hilfsweise zugleich als zeitliche Unterteilungen genutzt werden. Die Interpretation der bisherigen Forschung bezieht sich primär auf gefundene Artefakte, während der Mensch so gut wie unverändert verstanden bleibt; immer gleich klug mit seinen Heiligtümern und immer schon religiös im Sinne der Bibel.

Das Aurignacien (40.000–32.000 bp) wurde von einfachen Wilbeuter¡nnen bewohnt, die die Höhlenmalerei begannen, gegenüber Frühmenschen verbesserten sich erst jetzt die Artefakte. Es entsteht die neue Qualität der Kommunikation (Formen/ Schnitzen, Flöten, Malen).

Das Gravettin (32.000 bis 22.000 bp) ergibt bereits mehrere Funde, die an Sesshaftigkeit denken lassen. Die Frauen-Figurinen vom (späteren, dicken) Typ Willendorf sind (relativ) häufig, für die Speerspitzen werden bessere Steintechniken ersonnen; es gibt, nach Tonspuren, erste Gewebe.

>>> Im Nahen Osten beginnt ab 22.000 bp die Kebaran-Kultur.

Das Solutréen (22.000 bis 17.000 bp, bei 19.500 bp Höhepunkt der Vereisung) zeigt ab vor gut 20.000 Jahren vermehrt feste Siedlungen, die gegen die Kälte schützen konnten. Vorratshaltung wird sichtbar, hier wird nun die Zeit sesshafter Wildbeuter¡nnen sehr deutlich, die Nähnadel mit Öhr verweist auf mehr Kleidung, die Speerschleuder erhöht den Jagderfolg, was wiederum feste Wohnsitze begünstigt, die den sozialen Zusammenhalt stärken.

Das Magdalénien (17.000–10.000 bp) beendet das Jung-Paläolithikum. Pfeil und Bogen, mit der Sehne ein dreiteiliges Instrument, setzen sich wahrscheinlich durch. Bei der Jagd und im Krieg können sie als recht treffgenaue Distanzwaffe Bedeutung erlangen. Zumindest in dieser Zeit gab es ein Tausch- oder Handelsnetz von Gönnersdorf/ Bonn zu den Höhlen der Schwäbischen Alb (Eiszeit) Und ab vor 14.000 Jahren entwickelt sich im Nahen Osten die sozial-differenzierte Gemeinschaft von Wildbeuter¡nnen in größeren Siedlungsstrukturen, als die Eiszeit zu Ende geht und es nicht nur wärmer, sondern auch feuchter wird, was wiederum zu besseren Gebäuden und Vorratshaltung drängt; und zu intensiverem Denken über die Veränderung von Natur/ Ernährung.

>>> Ab 13.000 bp entsteht im Nahen Osten die Natufien-Kultur und ab vor knapp 12.000 Jahren die Hochkultur vom Göbekli Tepe.

Ab vor gut 20.000 Jahren haben wir also Zeugnisse von dichterem Zusammenleben und sozialer Schichtung; reich geschmückte Gräber stehen dafür. Hinzu kommt ein verstärkter umfänglicher Siedlungsbau. Im Zeitabschnitt des Solutréen – so heißt es im Katalog Eiszeit für das westliche und nördliche Eurasien – fanden sich „über mehrere Hundert Quadratmeter erstreckende, aufwendig errichtete Basislager“, dauerhafte Siedlungen, mit räumlich differenzierter Nutzung und am Rande Bestattungen; dazu wohl temporäre Jagdlager. Dafür mag der Höhepunkt der Vereisung mit ursächlich gewesen sein. Mehr Schutz wurde nötig, und die sozialen Verhältnisse und die Kognition erlaubten ein solches Reagieren auf die Umwelt. Die erwähnten Perlen wie auch Muscheln und andere Objekte verweisen auf intensive Schmuckproduktion, die vielleicht eine umfassende Tätigkeit markiert. Das gilt ebenso für die jüngeren Figuren, vor allem von dicken wie dünnen Frauen, die sich jeweils oft ähneln und (relativ) weit verbreitet waren.

Mit dem Wissen über einen Teil einer etwa 15.000 Jahre alten Siedlung, den Bosinski in Gönnersdorf/ Bonn ausgrub, wird vielleicht so etwas wie ein Typus einer steinzeitlichen Siedlung erkennbar. Hier fand sich eine Zeltart als Rundbau mit bereits senkrechten Pfosten in den Wänden, die wohl, wie das Dach, mit organischen Materialien hergestellt waren, unten mit Steinen abgedichtet; und dazu zugleich das typische Spitzzelt. Es gab eine Kochstelle mit Loch zur Suppenzubereitung mittels heißer Steine und aus großen Knochen eine Art Grill. Die Böden waren mit Steinplatten ausgelegt, die eingeritzte Zeichnungen aufwiesen, oft wohl weibliche Hüften darstellend. Steine wurden zum Teil von der anderen Rheinseite über 100 Kilometer herangeschafft. Durch fremde Materialien an einem Ort deutlich werdende weitläufige (vielleicht Tausch-) Verbindungen wurden mehrfach gefunden.

Sowohl Pflanzen- als auch Tiernahrung gab es in Gönnersdorf reichlich, so dass kurze Zeiten zur Nahrungsbeschaffung ausgereicht haben, sagt Bosinski, der für die Hamburger Kultur – die weit in die trockenliegende heutige Fläche der Nordsee reichte – davon spricht, die Speerschleuder habe eine erste Überflussgesellschaft geschaffen. Ähnliche Entwicklungen zeigten sich weiter im Nordosten Eurasiens und werden auch im Nahen Osten bereits sehr deutlich, bevor der Göbekli Tepe errichtet wurde.

## *Siedlungen des Nahen Ostens vor dem Landbau*

Im Nahen Osten wurden in der frühen Kultur Kebaran (ab 22.000 bp) Reste runder Hütten in Ohalo am See Genezareth entdeckt, schreibt Astrid Nunn. Unsicher sei – schrieb mir per Email Daniel Schyle, dem ich weitere Hinweise danke – die Größe von Jilat nahe des 20.000 Jahre alten Kharaneh, wo sich ebenfalls Spuren von Hütten fänden, und dort gebe es neuerdings auch einen Fundplatz des jüngeren Kebaran mit Bestattungen, 'Uyun al-Hammam, was auf eine Siedlung verweisen könne. In der Kultur Natufien (ab 13.000 bp) sei möglicherweise Neve David ein langfristig belegter Platz. Im frühen Natufien würden wahrscheinlich (!) ganzjährig bewohnte Fundorte zahlreicher und grösser, bestes Beispiel sei Mallaha. Im späten Natufien werde das Ganze wieder etwas undeutlicher – da zeige eine trockene und kühle Zeit, [Jüngere Dryas] die noch bis in das PPNA [Pre Pottery Neolithikum A] hinein dauere, Wirkung, und die Hinweise auf permanente Besiedlung an einzelnen Fundstellen seien weniger deutlich.

Östlich von Haifa liegt eine Höhle, deren Terrasse mal mit Mauern umgeben war, sagt Roaf. Es gab offenbar eine große Bereitschaft, die Wohnräume herzurichten. Ein Ort vor etwa 17.000 Jahren am Ostufer des Sees von Genezareth, Ain Gev, kann ebenfalls dafür benannt werden. Dort wurden behauene Steine als mutmaßliche Bodenplatten für dauerhafte runde Hütten gefunden, dazu Sichelklingen und ein Steinmörser zum Zerstoßen von frühem wilden Getreide.

Burchard Brentjes spricht für die Zeit um vor 15.000 Jahren über Mörser von 50 Kilogramm Gewicht und von Silos aus der Zeit vor 12.000 Jahren. Zumindest zur Getreidesaison wurde dieser Ort (und der Mörser) jeweils wieder aufgesucht.

Es gab mit Lehm ausgestrichene Vorratsgruben, zeigt Karin Bartl. Auch Benz betont die Möglichkeit solcher Behältnisse. Etwa 15.000 Jahre sind in der Levante mindestens fünf weitere einzelne runde Gebäude alt. Schmidt erwähnt zwei Orte östlich des Göbekli Tepe im Fruchtbaren Halbmond/ Nordirak – Hallan Çemi, Qermez Dere –, die etwa vor 14.000 bis 13.000 Jahren bereits besiedelt waren; damit sei die Monopolstellung der Levante hinsichtlich der „frühesten Sesshaftwerdung" aufgebrochen. Weitere Orte waren zum Teil gut 1.000 Jahre vor dem Göbekli Tepe besiedelt. Im Wesentlichen entlang des Euphrats lagen Mureybet, Qaramel, Çayönü, Nemrik, Jerf el Ahmar, Tell Abr. Sie werden im Ausstellungskatalog: Vor 12.000 Jahren... genannt, die kleinsten Orte hätten etwa zehn Häuser, also wohl Familien umfasst.

Eine weitere Studie betont nicht nur den wahrscheinlich gleichzeitig an mehreren Orten entstandenen Landbau mit zuerst noch Wildgetreide, das nun angebaut und nicht mehr wildwachsend gesammelt wurde, sondern auch einen sehr frühen Beginn in „Chogha Golan, einer steinzeitlichen Siedlung am Fuße des Zagros Gebirges im Iran. Dort finden sich zahlreiche Relikte von Gebäuden, Steinwerkzeugen, Tonfiguren und auch viele Mörser und Mahlwerkzeuge aus der Zeit von vor zwölftausend bis vor rund 9.800 Jahren", berichtet Scinexx.de (5.7.13). Das beginnt gerade vor dem Baubeginn des Göbekli Tepe. Der Ort liegt heute 150 Kilometer nördlich des Persischen Golfs, etwa 1.100 Kilometer vom Göbekli Tepe oder dem Vulkan Karacadağ entfernt, wo es erhebliche Bestände frühen Wildgetreides gab; diese Orte trennen knapp 100 Kilometer. Es könnte diese Kultur im Iran natürlich von anderen Standorten in den Süden gebracht worden sein.

Aus der Zeit des Natufien in der Levante finden sich weitere wichtige Spuren der dichter werdenden Bevölkerung.

Bewohnt wurden sie entweder ganzjährig oder nur zu bestimmten Zeiten. Zum Beispiel lag Abu Hureyra am Euphrat ganz im Süden des nach Westen ausgreifenden Bogens dieses Flusses (heute im südlichen Assad-Stausee, Syrien), in dessen nördlichem Teil Şanlıurfa und der Göbekli Tepe liegen. Bereits vor 13.500 Jahren bp wird dieser Ort besiedelt, 2.000 Jahre vor dem Baubeginn des Geistigen Zentrums. Von 50 bis 300 Personen ist am Anfang die Rede, später seien es deutlich mehr. Sie lebten in Gebäuden aus Schlammziegeln. Gazellen, Wildschweine, Schafe und Onager (Wildesel) wurden gejagt, sehr viele Pflanzen gesammelt. Es fanden sich schwere rechteckige ortsfeste Behälter aus Gipsmasse, die bei 800 °C erzeugt wird und auf ein hohes Wissen verweist; Neanderthalensis konnte Birkenpech im Vakuum verkohlen. Körbe zur Vorratshaltung sind auch hier belegt. Die umfassendere Lagerung von Lebensmitteln ist eine der entscheidendsten Entwicklungen für die neue Zeit. Selbst für die soziale Differenzierung kann sie Bedeutung erlangen, weil Familien mit relativ großen Vorräten Vorteile gegenüber anderen gewinnen konnten; dazu gleich. In Ain Mallaha nördlich des Sees Genezareth lebte eine Gemeinschaft von 200 oder 300 Menschen wahrscheinlich ganzjährig, der Durchmesser runder Hütten betrug dreieinhalb bis fünf Meter, deren Dächer von hölzernen Pfosten getragen wurden. (Roaf)

Ausgegraben wurden auch Gräber unter den Fußböden und außerhalb der Hütten. Dort wurde vielleicht der eckige Raum durch Unterteilung von Rundhütten erfunden, meint Nunn. Dieser Übergang zur eckigen Raumvorstellung muss aber keineswegs so funktional entstanden sein. Es kann auch eine generelle geistige Entwicklung vermutet werden, sagt Hallpike, wenn ab einem bestimmten Zeitpunkt das topographische Denken weitergehend entsteht und mit

Himmelsrichtungen markiert wird, vielleicht auch noch mit Zenit und Nadir als Raumvorstellung. Es geht noch profaner, finden Machteld Mellink und Jan Filip, die Erfindung des rechteckigen Lehmziegels ergab später den rechteckigen Raum. Vielleicht schon parallel zum Göbekli Tepe entstand der große Ort Jericho, wo die ersten Lehmziegel gefunden wurden, bei aber noch runden Hütten, offenbar ähnlich wie in Ain Mallaha. Mauern und Turm Jerichos sind etwas jünger. Und ich erinnere noch einmal an den Körtik Tepe, dessen Gräberfeld auf einen bedeutenden Ort verweist. (Benz)

Das mag für die Kennzeichnung der Kulturen im Jung-Paläolithikum und Nahen Osten reichen, wo einerseits bereits eine Siedlungsstruktur um den Göbekli Tepe herum sichtbar wird, die von vielen Ausgräber¡nnen und Forscher¡innen zusammengetragen wurden, andererseits wird die für archäologische Forschung recht gute Quellenlage deutlich; generell sind es jedoch nur einzelne Orte in Zeit und Raum. Die kontinuierliche Entwicklung der Menschen über den gesamten Zeitraum wird nicht nur in Siedlungen, Vorratshaltung und Werkzeug/ Waffen deutlich. Auch die Bearbeitung des (Feuer-) Steins ändert sich von bloß geschlagenen oder abgedrückten Stücken zu geschliffenen Formen. Und vor allem bei dichterem Zusammenleben in der Region und dann innerhalb der Siedlungen muss immer auch an beginnende soziale Differenzierung gedacht werden, nicht nur wegen der erwähnten reichhaltigen Gräber, weil die Sesshaftigkeit, auch wenn sie noch keine Domestikation von Pflanzen oder gar Tieren zur Grundlage hat, das Ansammeln von Dingen und Vorräten ermöglicht, und in besonderer Weise das von – Macht, wie gleich zu besprechen ist.

Bereits im Natufien sei ein Häuptlingssystem (chiefdom) denkbar, meint Bartl. Hans-Georg Gebel hält das für die in der Levante entstehenden neolithischen Großsiedlungen bei existenzgefährdenden Problemen für möglich und dies auch bereits im Epi-Paläolithikum! Benz erkennt in den Funden innerhalb der frühen größeren Siedlungen des Natufien allerdings keine Hierarchisierung, die sich jedoch aus der von ihr beschriebenen besonderen Behandlung bei Schädelbestattungen nur einzelner Individuen folgern lässt. (2010) Eine Hierarchisierung sei dann in dieser Übergangszeit zu beobachten, dazu wahrscheinlich auch eine Differenzierung der Sozialstruktur. Für die großen akeramischen Siedlungen – sagt auch Hans Nissen für Basta und Ain Ghazal (nördlich und südlich des Toten Meeres) – seien bereits soziale Regeln für die Konfliktvermeidung nötig gewesen; ein Lernprozess entsteht.

Die Archäologie gibt also – wenn die Belege für Siedlungsentwicklungen insgesamt auch noch schwach sind – ein zeitliches Gerüst einer kulturellen Richtung vor, an die eine soziologische Differenzierung anzubinden ist: Wildbeuter¡nnen mit schon einzelnen beachtlichen Siedlungen und Gebäuden, bald auch einer verdichteten Siedlungsstruktur schufen eine neuere Form komplexer Wildbeuterei, und dies – soweit derzeit bekannt – besonders ausgeprägt in der Levante; nicht fern vom Göbekli Tepe.

## *Göbekli Tepe, Zentrum sesshafter Wildbeuterei*

Alles Denken ist zuerst allgemein religiös, ergibt sich aus dem Werden des Denkens, da alles in der Welt durch Geistwesen bestimmt war, zwischen denen die Menschen lebten. Noch in Sumer waren die Gött¡nnen die eigentliche Welt, der Staat, zu deren Wohlgefallen Menschen geschaffen worden waren. Als sie durch Lärm störten, heckten die Gött¡nnen die Sintflut aus, die aber verraten wurde, und ein früher Noah rettete sie; im Gilgamesch-Mythos. Dieses Denken war ja bis zur Durchsetzung der Naturwissenschaften bestimmend und ist noch existent in Teilen der Welt. Erst mit der Entstehung der ersten definierten Religion – Entwicklung wäre wohl als zu bewusst unterstellt –, die wir im Moment am Göbekli Tepe sehen, kam es wahrscheinlich zu einem Aufräumen der Ordnung von Geistwesen und frühen Gött¡nnen.

Die Folgen eines solchen Vorgangs sehen wir ausgeprägt noch in der griechischen Überlieferung einer Unzahl von göttlichen Kräften, die an Bedeutung gegenüber dem Olymp verloren hatten. Erwähnt sei nur die Überwindung der Kraft der Erynien, (Die Eumeniden) Erdgöttinnen der Rache, durch Athenas Stärkung des Aeropags, des Gerichts. In Babylon wird Marduk zum Obergott, nachdem er erst in einen Krieg gegen die Urgöttin Tiamat zog, nachdem ihm die Alleinherrschaft versprochen war; ein früher Achill. Er gewann und machte aus deren Leichnam Himmel und Erde mit Platz für die Menschen dazwischen; das beschreibt wohl ein beginnendes Herrschertum. Insgesamt – das muss stets mit benannt und bedacht werden – entstehen die hier verwendeten Konstrukte früher Lebensweisen nicht nur auf der Bewertung weniger Quellen, sondern ebenso auf Analogien späterer Ideologien, etwa bei rezenten Urvölkern oder noch in heutigen Glaubenssystemen.

Am Göbekli Tepe sehen wir zudem auf eine deutliche Veränderung eines bei rezenten Urvölkern sehr wichtigen Bereichs traditionalen Denkens, der Neuerungsfeindschaft, nach der nichts verändert werden durfte, um die Ahnen nicht zu kränken. (Lévy-Bruhl; Jan Assmann) Das Geistige Zentrum steht nun aber – angesichts des Endes der Eiszeit – ausdrücklich für Änderung, für Modernisierung des Denkens und Lebens. Es entstand, wenn wohl auch über Vorformen, bewusst etwas ganz Neues, um die Gött¡nnen des Wetters zu beruhigen und ihre Hilfe zu gewinnen, kann vielleicht angenommen werden.

Die Pfeilerordnung am Göbekli Tepe, Schmidt benennt die Stelen ihrer Form wegen als T-Pfeiler, besteht aus zwei, wenn nicht drei Hierarchien, die an der Höhe ablesbar sind; sie wurden vielleicht als Phallus verstanden; dazu die Abbildungen des Modells oben. Religiös konzipiert, baulich geplant und errichtet wurden im Geistigen Zentrum gedanklich zuerst zwei besonders hohe menschliche Figuren. Das wird deutlich, weil in der hier als Typus besprochenen Anlage D der älteren Grabungsschicht beide männlichen Hauptfiguren auf je eine steinerne Plattform gestellt worden sind, etwa 15 Zentimeter tiefer wurde dann der Boden des leicht oval geformten Baus ausgemeißelt. Und an deren Kante sind als Hochreliefs Enten angeordnet.

Im äußeren Rund stehen zwölf oder dreizehn etwas kleinere T-Pfeiler, von denen einer, neben dem Türfeld rechts, wiederum etwas grösser ist. Ob darin Hierarchie ausgedrückt wurde, oder es sich um einen Messfehler handelt, wie er auch an der Ecke links oben möglich scheint, wo das Oval eine Ausbuchtung erfuhr, ist offen. Weitere Baufehler scheinen möglich, die Ausrichtung zur Sonne oder einer anderen räumlichen Achse hat wohl noch keine Rolle gespielt. Die Achsen der drei älteren Anlagen mit den beiden Hochgöttern liegen alle deutlich zueinander verdreht. An den Pfeilerflächen finden sich Flachreliefs von nicht besonderer handwerklicher Güte, die zum Teil von den zwischen die Pfeiler errichteten Felssteinmauern überdeckt sind. Das könnte der stabileren Verbindung mit den Pfeilern geschuldet sein. Auch eine erst spätere Ummauerung scheint denkbar. Der Zugang bestand wohl nur durch einen dort gefundenen Türstein (in einem der Fotos oben wurde das Mauersegment für eine Einsicht in das Objekt weggelassen).

Der Innenraum, der rundum zwischen den äußeren Pfeilern an der Wand eine steinerne Bank aufwies, war also ein Raum, aus dem heraus nur der Himmel sichtbar war. Daraus, und aus sehr viel jüngeren Mythen Sumers und anderen Kulturen entsteht die Vorstellung, von den beiden mittigen Groß-Pfeilern sei symbolisch der Himmel gestützt worden, um zwischen ihm und der Erde Leben möglich zu machen. Und diese beiden sind ausdrücklich als Männer gekennzeichnet, durch einen Schurz um die Hüften! In der Eiszeit!

Auch die erwähnten Enten lassen sich (nur) mythisch interpretieren, als am Rande des Urmeeres schwimmend und fliegend Meer und Himmel verbinden könnend. Enten als Göttɩnnenboten am Urmeer, das die Erde umfließt, und das in doppelter Ausführung; zwei Männer, zwei Welten, vielleicht Häuptling und Oberheiler, oder verbanden sich zwei Reiche? Wir blicken also auf eine weitgehend definierte religiöse Konzeption – bin ich überzeugt – und auf eine komplexe Bauplanung für die primären beiden Obergötter im Zentrum, umgeben von niederen Göttɩnnen.

Für das Ausmeißeln der Pfeiler gibt es zwei Fundstellen, einmal wurde versucht, einen von ihnen flachliegend zu gewinnen, zum anderen ist eine Grube erkennbar, in der mehrere Roh-Pfeiler hochkant und längs ausgeschlagen werden sollten; beide unvollendet. Im Falle hochkant liegender Pfeiler mussten für die Kopflänge bis gut zwei oder einmal sogar bis etwa drei Meter tiefe schmale Schächte zwischen ihnen ausgemeißelt werden. An einer Langseite breiter, damit Menschen am Grund der Grube den ersten Pfeiler von Boden losschlagen konnten. Dann sind vielleicht Steine unter den schräg gelegten Rohling geschoben worden, um ihn beim Kippen zur anderen Seite etwas anzuheben und auf diese Weise bei Verfüllung der Grube nach oben treiben zu lassen.

Diese Arbeiten lassen vermuten, es habe auch Arbeitsteilung bereits gegeben, nicht nur die in Hand- und Kopfarbeit, sondern auch konkret beim Bauen. Steinmetze und Meißelschärfer vielleicht, dazu Jäger und mehr. An einigen Pfeilern anderer Anlagen dieser Schicht fanden sich Hochreliefs, die zum Teil offenbar gezielt abgeschlagen wurden, als die später viel größere Gesamtanlage mit um 300, später kleineren, T-Pfeilern verfüllt und zugedeckt wurde. Andere Fundstätten solcher kleineren Anlagen im Umkreis bis 200 Kilometern, die Schmidt als Grenze der Kulturgemeinschaft vermutet, sind noch kaum erforscht.

Lediglich einer dieser Orte mit kleineren T-Pfeilern wurde von Harald Hauptmann in einer Notgrabung vor dem Anstieg eines Stausees erkundet, Nevalı Çori, der noch etwa 1.000 Jahre nach dem Baubeginn am Göbekli Tepe entstand. Demnach könnte die Kultur um das Geistige Zentrum weit über ein Jahrtausend existiert haben. Bei weiteren Funden von oberflächlich sichtbaren kleineren T-Pfeilern hat nur Erosion die Köpfe freigelegt.

Gemessen an allen anderen Quellen Eurasiens steht der Göbekli Tepe als ein Fanal früher Kognition da. Dabei fällt allerdings auf, in den auf den T-Pfeilern ausgearbeiteten

Flachreliefs keine besondere Leistung zu sehen, selbst nicht in fertigen Figuren als Hochreliefs, etwa eine Art Löwin in Anlage C. Solche dreidimensionale Fertigkeit wird bereits früher als Schnitzerei von Speerschleudern sichtbar. Und leider besteht wenig Hoffnung auf eine Entzifferung der darin ausgedrückten Mythen. Die am häufigsten auf den Pfeilern dargestellten Tiere sind recht typisierte Schlangen und schablonenhafte Füchse im Flachrelief. Es gibt eine Reihe von an Pfeilern und auch einzelnen kleinen Steinen ausgearbeiteten Zeichen, wie sie gemalt bereits ähnlich in einigen Höhlen bekannt waren, und die nicht als einzelne zufällige Graffitis wirken. Dann wäre zu schließen, niemand hätte solche Zeichen ohne einen Sinn, ohne einen Namen dargestellt.

Das gilt umso mehr als die beiden großen Stelen der Anlage D solche Zeichen auf der Brust tragen. Wer an göttlichen Pfeilern sogar kombinierte Zeichen per Relief ausarbeitet, macht das nicht ohne eine Bedeutung dafür. Während ein auf einem der Pfeiler ausgemeißeltes Bukranium, ein stilisierter Rinderkopf mit Gehörn (stets männlich interpretiert), noch simpel als Großer Mann oder Jäger verstanden werden kann, ist das bei einer vertikal verbundenen Reihe von H-Zeichen (das auch um 90° gedreht vorkommt), Kreis und Halbkreis auf dem zweiten schon schwieriger; über Ansätze von Schrift will ich jedoch nicht spekulieren, da es, wie ältere Entsprechungen in Höhlen, nur Kenn-Zeichen gewesen sein können.

## *Ansehen, Macht, Institutionalisierung*

Gibt es die von mir unterstellte wachsende Komplexität des Religiösen über Animismus-Formen zur definierten Religion als wesentlichem Teil des Denkens, dann ist zu fragen, woran sie sich jeweils orientierte. Zuerst ist der Übergang von Prä-Animismus zu benannten Strukturen von Geistwesen wohl lediglich durch eine einfache langsame Ausweitung der Kognition im Sinne der neuen Qualität der Kommunikation anzunehmen. Doch bei der Vergabe von Namen entsteht bereits die Frage, an was beziehungsweise an wem die sich orientiert haben mögen. Sonne oder Mond kommen in Frage, Nahrungspflanzen und -tiere, auch gefährliche Tiere, wie Rinder, oder, wie später am Göbekli Tepe, (giftige, aus der Erde kommende?) Schlangen, die zugleich für Männlichkeit stehen können; aber Wissen gibt es dazu nicht. Bereits zuvor waren im Jung-Paläolithikum wohl Namen, zuerst für die bedeutenderen Mitglieder der Gruppen eingeführt, solche, deren Schädel zuerst mit Gips bearbeitet wurden vielleicht, wie sie in Jericho gefunden wurden.

Doch irgendwann begann, vielleicht unterstützt durch erste Heiler;nnen, die Hierarchisierung dieser Geistwesen. Dann ist es kaum vorstellbar, sie hätte sich nicht an der jeweiligen Gruppe orientiert, am Ansehen von (zumindest überwiegend) Männern, die in Gruppen immer das Äußere übernehmen; für die Großgruppe/ Stamm wie auch für die eigene Familie gegenüber anderen Kleingruppen. Frauen hatten meist nur Einfluss auf einen eigenen Bereich, das Innere der Familiengruppe, später die Gärten, und auch das nur, solange der Mann nicht eingriff. Das kann jedenfalls generell für rezente Urvölker gesagt werden; es ist ab dem 19. Jahrhundert wohl keine Ausnahme beschrieben worden; und wo mal – bis heute – angebliche matriarchale Gruppen entdeckt wurden, gilt das stets ebenso. Glaubwürdige Quellen für umfassende Frauen-Macht gibt es nicht.

Auch deshalb verweisen am Göbkli Tepe die Obergötter auf zwei männliche Obermacker, Häuptlinge oder ähnliche Positionen. Weltliche und geistliche Führung könnten dargestellt sein, aber auch zwei Häuptlinge bei einem Zusammenschluss größerer Stämme. Es scheint unwahrscheinlich, die Anlage nur zu Ehren damals konkreter Häupter einer kleineren Siedlung als Denkmal oder Grabanlage zu errichten. Diese Kultur war ja auch mit dem Ende der Eiszeit konfrontiert, das ab vor 14.000 Jahren bereits einen spürbaren Klimawandel verursachte. Der Göbekli Tepe könnte in seiner älteren Schicht deshalb ein Orakel der Steinzeit gewesen sein, um weit in die Region hinein Rat zu geben; religiös verbrämt, natürlich.

Wie entstanden also die Hierarchien, die der Stelenordnung des Göbekli Tepe als Vorbild dienten? In den sozialen Welten sind typische Vorbilder für Gottesfigurationen leicht vorstellbar. Eine ganze Reihe von natürlichen Unterscheidungen gibt es in jeder menschlichen Organisierung. Ganz vorn an Bedeutung stand wahrscheinlich der gute Jäger, dann bei Konflikten mit Nachbarn und selbst innerhalb der Gruppen der starke Krieger, was Personalunion möglich macht. Entstehen Heiler¡nnen, erwarben sie bei Erfolg, worin der immer gesehen worden sein mag, ebenfalls Ansehen. Der von mir, gegen das oberflächliche Schamanentum, gewählte Name verweist auf Naturkenntnis und solche in geistigen Sphären; hoch spekulativ. Aber auch Klugheit, Geschlecht und weitere Kennzeichen wirken beim Ansehen mit – vor allem aber das Alter; selbst Frauen nach der Menstruation konnten es gewinnen.

In der Soziologie ist für solche hohe soziale Position die Bezeichnung Großer Mann eingeführt, etwa durch

Maurice Godelier. Dabei sind verschiedene Typen unterscheidbar, die wiederum auch von der Form der Institutionalisierung der Gruppe beeinflusst wird, wie sie von Peter Berger und Thomas Luckmann analysiert wurde. Im frühen Jung-Paläolithikum wird es noch keine festgefügten, quasi-vereinbarten Form gegeben haben, dann entstand sie wahrscheinlich mit der Ordnung der Gruppe über die Verwandtschaft. Und mit der Institutionalisierung entsteht Hierarchisierung, ausgedrückt durch (inoffizielle) Macht. Macht im einfachen Verständnis des alltäglichen Machtstrebens, das selbst Kinder auszuüben versuchen, um hinreichend Nahrung, Wärme, Schutz zu erhalten.

Dux hat die Macht treffend als das schlechterdings konstitutive Organisationsmoment in der Gesellschaft betont. (2008) Sie wird wesentlich über Ansehen erworben und kann in Gruppen nicht entstehen; erst sehr viel später gewinnt sie als politische Macht eine ergänzte Qualität mit Verbindungen zur (formalen) Herrschaft. Große Männer können Macht also primär durch wichtige Taten erwerben, wie Fleisch in größeren Mengen als andere beibringen, oder erfolgreiche Kriegstaten, aber auch durch Welterklärung, die in Richtung Heiler¡n führt, oder etwa als Bewahrer von heiligen Totems.

Große Männer werden nicht nur geachtet, sondern gerade die durch vorteilhaftes Handeln zu Ansehen gekommenen, die Erfolge beim Gewinnen von Beute haben, sei es durch Jagd oder Krieg, werden Gefolgschaften an sich binden können. Zeigt sich gegenüber einfachen Wildbeuter¡nnen, die nur von der Hand in den Mund leben, durch eine Gefolgschaft eine pro Kopf größere Beute, dann entstehen Überschüsse, wie es überhaupt bei sesshaften Wildbeuter¡nnen möglich wird, wenn etwa Vorratsgruben geschaffen werden.

Es wird auch wenigen Männern möglich, mehrere Frauen zu nehmen, die ebenfalls mehr produzieren als verbrauchen. Die Hierarchien der Kleingruppen einer Gemeinschaft können dadurch ausgeprägter werden. Sozialer Status entsteht als ein besonderer Ausdruck von Macht, der wiederum zur weitergehenden Institutionalisierung drängt. Und bald auch zur Konkurrenz Großer Männer. Ein wichtiges Element in Gemeinschaften von rezenten Urvölkern waren Formen der internen wie externen Friedenssicherung, wozu oft die mit Gefolgschaften angesammelten Güter bei Festen verteilt werden, die wiederum Ansehen schufen. Auch zwischen Stämmen können Friedensverträge oder Riten geschaffen werden, um Blutfeden einzudämmen; in den Materialien ist das ausführlich aufgezeigt.

Da besonders großzügig ausgestattete Gräber von vor etwa 24.000 Jahren bekannt sind, ist es kaum vorstellbar, eine solche soziale Entwicklung habe dort nicht stattgefunden, zumal die erwähnten Perlen durch experimentelle Archäologie als ziemlich arbeitsintensiv erkannt wurden; eine der 10.000 Perlen pro Grab herzustellen habe zwischen 45 Minuten und zwei Stunden gebraucht, heißt es im Katalog Eiszeit. Das dies im abendlichen Lager schlicht organisierter mobiler Gruppen durch mitgeführtes Werkzeug geschah, ist kaum vorstellbar.

Wir blicken – mit anderen Worten – bereits bald nach dem Beginn des Jung-Paläolithikums auf recht komplexe Verhältnisse mit vielfältigen Wechselwirkungen, so wie aus der Sesshaftigkeit nicht nur Große Männer als Häupter weniger Familien herauswuchsen, sondern auch weitere Möglichkeiten der Nahrungsgewinnung und -lagerung. Zugleich werden in wachsenden Siedlungen die Flächen am Rand, die ideellen Tortenstücke zum Sammeln in direkter Nähe, für die Familien immer kleiner. So entstand ein

Druck, um kollektiv Flächen zu nutzen, wahrscheinlich eher unter Führung einzelner Großer Männer oder Gruppen, wie später die Tempelwirtschaft, als unter Gleichen, und/ oder den Nutzen der Flächen zu vergrößern. Die Sinnhaftigkeit, neben Vorratsmöglichkeiten festgelegte Gärten und Felder zu entwickeln, wurde immer grösser, und die wachsende Siedlung schuf insofern die Landwirtschaft, ist anzunehmen. Auch deshalb lenke ich die Aufmerksamkeit auf die frühe urbane Entwicklungslinie, da die enge Verbindung beider später mit den Sumerischen Großstädten existentiell wurde, als die Städte die Organisation der Landwirtschaft für sich garantieren mussten.

## *Siedlungsstruktur am Göbekli Tepe*

Wir hörten von etlichen Funden von Siedlungen, die in jener Region um die Bauzeit des Geistigen Zentrums herum bestanden haben, zum Teil in großen zeitlichen Abständen zu ihm. Deshalb darf wohl angenommen werden, solche Siedlungsstruktur habe es auch zeitgleich mit dem Geistigen Zentrum gegeben und mit mehr Orten. Wie sollten sonst diese Anlagen entstanden sein. Es kann kaum Zweifel bestehen, es habe parallel zum Göbekli Tepe mehr als nur ein paar Siedlungen der Erbauer¡nnen gegeben, die bislang nicht gefunden wurden. In seiner Nähe fand die Getreideproduktion und später die Viehzucht ihre Naturgrundlage im 100 Kilometer weiter östlich wachsenden Wildgetreide am Vulkan Karacadağ, aus dem das domestizierte Korn entstand. (Schmidt)

Es gibt für die Zeit um 10.500 bp bereits ein dichtes Netzwerk der Herkunft von Materialien von Nord-Mesopotamien bis fast zum Golf von Akkaba und in den Iran. Nicht nur in der Levante, sondern auch von Westeuropa bis Sibirien gab es Austausch; unter anderem stehen die Frauen-Figurinen als Belege dafür, aber auch Schnecken und Muscheln für Schmuckstücke wurden weit entfernt ihrer Ursprungsorte gefunden, zeigt Roaf. Auch Coward belegt, es habe jedenfalls im Übergang zum Neolithikum ein Handels- und Verkehrssystem in Nord-Mesopotamien gegeben. Es ist schwer vorstellbar, das Geistige Zentrum sei in diesen Prozess nicht eingebunden gewesen, der zu dessen Zeit eine Siedlungsstruktur in großer Ausdehnung mit intensiven Kontakten und Tausch beziehungsweise bereits Handel wahrscheinlich macht. Jedenfalls gilt das für die offenbar wachsende Kulturgemeinschaft, die Bauten mit den kleineren T-Pfeilern im Radius von 200 Kilometern (Schicht II) errichtete.

Was für den Göbekli Tepe und der ihn umgebenden Siedlungsstruktur nicht direkt fassbar ist, kann in Grenzen aus dem Zwei-Strom-Land des Altertums erschlossen werden, so wie oft rezente Urvölker für einfachere Völker der Geschichte beigezogen werden. In Sumer zeigen die kognitiven Fähigkeiten und differenzierten städtischen Verhältnisse eine höhere Entwicklung der Kompetenz als sie viele einfachen Völker am Ende des 19. Jahrhunderts aufwiesen, wie immer diese Kognition strukturiert gewesen sein mag. Es können jeweils sehr kleine Eliten für diese Leistungen stehen. Allein der Zugriff auf die Landwirtschaft durch die Großstädte betont diese Überlegenheit, wie ebenso deren städtische Umwelt mit zum Teil kolossalen Bauwerken: Mauer, Zikkurat mit Tempel, Palast.

Doch auch für die Zwischenzeit zu jenen Großstädten gibt es eine Reihe von Hinweisen. Werfen wir einen kurzen Blick auf drei Orte der dem Göbekli Tepe folgenden Zeit mit Siedlungsformen und Verkehrsstrukturen lange vor der Blüte der Großstadt Uruk. Das scheint für die Beurteilung selbst der kognitiven Entwicklung am Göbekli Tepe sinnvoll zu sein, obwohl zum Teil Jahrtausende dazwischen liegen. Doch zuvor bespreche ich Jericho und dann Çatal Hüyük.

Jericho ist von besonderer Bedeutung für die Betrachtung des Göbekli Tepe, weil dort vielleicht zeitgleich oder jedenfalls zeitnah etwa 500 Jahre später eine neue Kraft entstand, mit der die Gemeinschaft vom Göbekli Tepe wahrscheinlich direkt bekannt war; die Distanz beträgt lediglich 700 Kilometer Luftlinie. Und in beiden Orten sind große Zahlen von Jägern und also Kriegern anzunehmen, weil die am Geistigen Zentrum gelegentlich, für die Bauten in Jericho überwiegend gebraucht wurden, wo 10.000 Tonnen

Felsstein verbaut wurden. Jerichos Mauer und Turm sei von einem Heer (!) von Arbeitern erbaut worden; das mag Roaf nicht – wie ich – im Sinne von zugleich militärischem Heer gemeint haben, das generell mit einem solchen vom Göbekli Tepe aneinandergeraten sein könnte. Tatsächlich ist für die Kultur vom Göbekli Tepe eine recht hohe Bevölkerungszahl anzunehmen, auch wenn für bestimmte Bauphasen 300 Männer ausgereicht haben mögen, um die großen Stelen zu ziehen, sofern die Rolle als Hilfsmittel noch unbekannt war. Die Kenntnis zur Errichtung der Mauern war aus dem Siedlungsbau bekannt.

Konkrete Hinweise auf eine Verbindung beider Orte gibt es allerdings nicht. Der Wohnort war älter als der Turm, der auf Standorten von runden Hütten errichtet ist. Das Siedlungsgebiet von etwa drei Hektar wurde von einer eiförmig bis ovalen Mauer umschlossen, darin eingebunden der Turm. Rundbauten, etwas in den Boden eingetieft, bildeten die Wohn-Unterkünfte der frühen Zeit. Es könnten damals um 1.500 Personen dort gelebt haben, meint Roaf. Das mag im Hauptwohnort vom Göbekli Tepe ähnlich gewesen sein. Bald wurde in Jericho, noch in prä-keramischer Zeit, Getreide angebaut. Die Siedlung liegt direkt neben einer ergiebigen Quelle nördlich des Toten Meeres. Von Bitumen- und Salzgewinnung und dem Handel damit als Grundlage für den Reichtum, der die Bauten ermöglichte, ist die Rede; auch das kann Anlass für die Frage sein, welche Möglichkeiten die Kultur vom Göbekli Tepe diesbezüglich hatte. Bekannt ist darüber nichts.

Çatal Hüyük in Anatolien war lange von spezieller Bedeutung für die Diskussion um frühe Lebensweisen. Der Ort bestand erst um vor 8.000 Jahren. Ich erwähne ihn hier auch, weil er in die Zeit zwischen dem Göbekli Tepe und jenen Städten gehört, die gleich angesprochen werden. Vor der Entdeckung des Geistigen Zentrums auf der Harran-Ebene galt er als älteste Stadt der Welt (engl. Town). Tatsächlich war der Ort eine bäuerliche Wohnsiedlung mit hohem Jagdanteil an der Ernährung; die Gebäude aus Lehmziegeln stehen Wand an Wand (ohne direkte Verbindung zu Pueblos; Röder/ Hummel/ Kunz). Diese Siedlung wurde nicht zuletzt durch den Fund einer angeblichen Großen Muttergöttin berühmt, die über Jahre die archäologische Interpretation der historischen Sozialwelt im Sinne eines allgemeinen Matriarchats beeinflusste (etwa in der 68er Bewegung). Heute sind manche Angaben des ersten Ausgräbers dazu als Fälschung erkannt, doch die gegenteiligen Annahmen, jenes Relief stelle ein Tier dar, überzeugen auch nicht; ich habe das in meinen Materialien begründet, ohne nun doch auf eine Muttergöttin hinweisen zu wollen; es bleibt aber unklar.

Zumindest aus einer gewissen Nähe zu Çatal Hüyük wurde Obsidian in Blöcken aus Anatolien nach Mesopotamien gebracht, schreibt Roaf. Billigen wir der sozialdifferenzierten Gemeinschaft vom Göbekli Tepe eine Dauer von 1.000 oder gar 2.000 Jahren zu, als dann die Anlagen, vielleicht als Kriegsakt, verschüttet wurden, und halten wir sogar eine gewisse Fortsetzung solcher Kulturen bis hin zu Sumer mit der Hauptstadt Uruk für prüfenswert, kann auch die religiöse Form von Çatal Hüyük noch eine erklärende Rolle bekommen, wo der Ausgräber viele kleine Kapellen sah, die heute eher als Wohnräume mit Schreinen angesehen werden, wie es Peter Pfälzner vertritt.

Von der Urukisierung des Nahen Ostens im Entstehen der Großstadt Uruk hat 2013 an herausragender Stelle die Ausstellung Uruk – 5.000 Jahre Megacity gesprochen und die These der Proto-Urbanisierung Groß-Mesopotamiens neu hervorgehoben, die etwa 5.000 Jahre nach dem Göbekli Tepe greifen soll. In dieser Ubaid-Periode seien Kolonien eines proto-urbanisierten Sumers unter anderem auch in Nord-Mesopotamien begründet worden, um die werdende Großstadt Uruk mit Rohstoffen zu versorgen, nahm es zuerst Guillermo Algaze und nun im Katalog Pascal Butterlin an.

Gilgamesch, wenn es ihn vor gut 4.500 Jahren gab, als die Mauer Uruks errichtet wurde, steht vielleicht für diese Zwischenzeit, der ja zusammen mit Enkidu Zedern aus dem Norden, vom Libanon holte. Solche Kolonial-Orte entstanden unter anderem in der Nähe des Göbekli Tepe: Habuba und Aruda (beim früheren Abu Hureyra am Euphrat). In diesen Städten, deren nachgebauten Modelle in Fotos des Kataloges enge Quartiere mit eckigen Hofhäusern zeigen, wurden einfache Keramikgefäße ausgegraben, die denen aus Uruk fast vollständig gleichen und wohl beim Essen durch die Arbeiter¡nnen Verwendung fanden.

Die jüngste Ausgrabung einer 9.000 Jahre alten Metropole bei Jerusalem mit um 3.000 Bewohner¡nnen unterstützt solche Vorstellungen. Sie wies auch bereits Baustrukturen auf, die wohl eine deutliche soziale Differenzierung sehr wahrscheinlich machen, wie sie ähnlich frühere Orte durch Gemeinschaftshäuser aufwiesen. (Vor 12.000 Jahren...) Funde zeugen von Handelsbeziehungen bis nach Anatolien. In diesem Zusammenhang steht auch die alte Stadt Tell Brak, die 200 km Süd-Ost-Ost von Şanlıurfa liegt und neuerdings als älteste Stadt im Neolithikum gilt; bei der Analyse aus Satellitendaten fand sich dort ebenfalls ein ausgeprägtes Verkehrssystem. (Scinexx.de, 16.7.19; 15.3.16)

Die Urukisierung versteht Butterlin als eine Globalisierung mit neuen städtischen Verdichtungen, die in ganz Mesopotamien entstanden seien und „der Geburtsakt der urbanen Zivilisation war".

Doch dieser Geburtsakt lag wohl schon weiter zurück! Ich sehe ihn am Göbekli Tepe.

# *Literatur*

Wo es sinnvoll ist, auf die Ersterscheinung zu verweisen, wird die im Literaturverzeichnis hinter dem Namen der Autor¡nnen in Klammern angezeigt, gefolgt von der benutzten Ausgabe, wie Lévy-Bruhl, (1910), 1926. Weitere Bände einer AutorIn im gleichen Jahr sind mit einem Kleinbuchstaben versehen, wie: 1987[b]; eine Auflage wird gegebenenfalls vorn mit der betreffenden Ziffer gekennzeichnet, wie: [5]1989. Mehrere Bände werden durch: – abgetrennt, wie: 1979–2. Bei zwei gleichnamigen Autor¡nnen und gleichem Jahrgang wird in Text und Lit.-V. ein Hinweis auf Vornamen gegeben, wie Fletcher, J. 2004. In diesem Text sind Autor¡nnen zuerst auch mit Vornamen eingeführt.

Es folgt die zitierte Literatur und eine Auswahl; mehr: Hennings, [3]2020


Affentranger, Thomas, 2006, Ambiguität, Ambivalenz und Aporie: Neue methodische Paradigmen zur Neuropsychologie der Frontallappen, Göttingen

Algaze, Guillermo, 22005, The Uruk World System, the Dynamics of Expansion of early Mesopotamian Vivilisation, Chicago/ London

Altamira, Höhlenmalerei der Steinzeit, 1995, Hg., Deutsches Museum München (Texte: Benz-Zauner/ Müller-Beck/ Züchner

Assmann, Jan, 1992, Das kulturelle Gedächtnis, Schrift, Erinnerung und politische Identität in frühen Hochkulturen, München

Auffermann, Bärbel/ Weniger, Gerd-Christian, 1998, Frauen – Zeiten – Spuren, Mettmann

Auffermann, Bärbel/ Orschiedt, Jörg, 2002, Die Neandertaler, eine Spurensuche, Stuttgart

Aurenche, O., in Ausstellung: Badisches Landesmuseum, Hg., 2007, in Vor 12.000 Jahren in Anatolien, die ältesten Monumente der Menschheit, Karlsruhe

Bar-Yosef, Ofer/ Belfer-Cohen, Anna, 2010, The Levantine Upper Palaeolithic and Epipalaeolithic, in Garcea, 2010

Beck, Ulrich/ Giddens, Anthony/ Lash, Scott, 1996, Reflexive Modernisierung – Eine Kontroverse, Frankfurt

Benz, Marion, 2010, Die Neolithisierung im Vorderen Orient, Theorien, archäologische Daten und ein ethnologisches Modell, Berlin

Benz, Marion, 2013, https://www.vorderasien.uni-freiburg.de/forschung/projekte-der-mitarbeiterinnen/dr.-marion-benz/koertik-tepe

Benz, Marion, et al., 2015, Prelude to village life. Environmental data and building traditions of the Epipalaeolithic settlement at Körtik Tepe, Southeastern Turkey, in Paléorient, vol. 41.2, p. 9–30 © CNRS ÉDITIONS 2015

Berger, Peter L./ Luckmann, Thomas, (1969) 1980, Die gesellschaftliche Konstruktion der Wirklichkeit, eine Theorie der Wissenssoziologie, Frankfurt

Bischof-Köhler, Doris, 2011, Soziale Entwicklung in Kindheit und Jugend – Bindung, Empathie, Theory of Mind, Stuttgart

Bosinski, Gerhard, 1981, Gönnersdorf, Eiszeitjäger am Mittelrhein, Koblenz

Bosinski, Gerhard, 1989, Fünfte Theodor Mommsen-Vorlesung 1986: Die große Zeit der Einzeitjäger, Europa zwischen vierzigtausend und zehntausend v. Chr., in: Jahrbuch des römisch-germanischen Zentralmuseums Mainz, 34, 2 Bd., 1987, Bd. 1, Mainz

Bosinski, Gerhard, 2009, Universalgeräte und Spitzentechnologie, Paläolithische Kulturen im Überblick, in Eiszeit, 2009

Burenhult, Göran, Hg., 2004, Die Menschen der Urzeit, Köln

Bussmann, Hadumod, 1990, Lexikon der Sprachwissenschaft, Stuttgart

Butterlin, Pascal, 2013, Die Expansion der Uruk-Kultur, in Uruk, 2013

Cavalli-Sforza, Luigi Luca, 1996, Gene, Völker und Sprachen, Die biologischen Grundlagen unserer Zivilisation, München/ Wien

Chauvet, Jean-Marie/ Brunel Dechamps, Éliette/ Hillaire, Christian, 1995, Grotte Chauvet – Altsteinzeitliche Höhlenkunst im Tal der Ardèche, Sigmaringen

Crone, Eveline, 2011, Das pubertierende Gehirn, wie Kinder erwachsen werden. München

Damasio, Antonio, 2011, Selbst ist der Mensch, Körper, Geist und die Entstehung des menschlichen Bewusstseins, München

Darwin, Charles, (1859) 2004, Die Entstehung der Arten durch natürliche Zuchtwahl (oder die Erhaltung der begünstigten Rassen im Kampfe um's Dasein), Hamburg (3-933203-82-1, Nachdruck 6. Auflage)

Darwin, Charles, (1871) o. J., Die Abstammung des Menschen (und die geschlechtliche Zuchtwahl), Paderborn (3-937229-86-8, Nachdruck 6. Auflage)

Doyle, Claudia, 2017, Der Wandel, der vom Acker kam, in Max Planck Forschung 2.2017

Dux, Günter, 2008, Historisch-genetische Theorie der Kultur, Instabile Welten, zur prozessualen Logik im kulturellen Wandel, Weilerswist

Dux, Günter, Die Evolution der humanen Lebensform als geistige Lebensform, Handeln – Denken – Sprechen, Wiesbaden (Gesammelte Schriften 1)

Dux, Günter, 2019, Historisch-genetische Theorie der Gesellschaft, Macht – Herrschaft – Gerechtigkeit, Wiesbaden (Gesammelte Schriften 13)

Dux, Günter/ Rüsen, Jörn, Hg., 2014, Strukturen des Denkens, Studien zur Geschichte des Geistes, Wiesbaden

Eiszeit – Kunst und Kultur, 2009, Begleitband zur Ausstellung, Archäologisches Landesmuseum Baden-Württemberg u. a., Hg., Stuttgart

Frankfort H. und H. A./ Wilson, J./ Jacobsen, Th.,1954, Frühlicht des Geistes, Wandlungen des Weltbildes im alten Orient, Stuttgart

Friederici, Angela D., 2017, Language in our Brain, The Origins of a uniquely Human Capacity, Cambridge

Gage, John, 2001, Kulturgeschichte der Farbe, von der Antike bis zur Gegenwart, Berlin

Garcea, Elena A. A., 2010, Ed., South-Eastern Mediterranean Peoples Between 130,000 and 10,000 Years Ago, Oxford

Geertz, Clifford, 1983, Dichte Beschreibung, Beiträge zum Verstehen kultureller Systeme, Frankfurt

Ginsburg, Herbert/ Opper, Sylvia, (1969) 1993, Piagets Theorie der geistigen Entwicklung, Stuttgart

Godelier, Maurice, 1987, Die Produktion der Großen Männer, Macht und männliche Vorherrschaft bei den Baruya in Neuguinea, Frankfurt/ New York

Gunz, Philipp, 2015, Die Evolution des menschlichen Gehirns (Max-Planck-Gesellschaft), https://www.mpg.de/8953555/MPI_EVAN_JB_2015?c=9262520&force_lang=de

Hansen, Svend, 2003, Archäologie zwischen Himmel und Hölle: Bausteine für eine theoretisch reflektierte Religionsarchäologie, in Heinz, M./ Eggert, K. H./ Veit, V., Hg., 2003, Zwischen Erklären und Verstehen, Beiträge zu den erkenntnistheoretischen Grundlagen archäologischer Interpretation, New York/ München/ Berlin

Hauptmann, Harald, 2007, Nevalı Çori, in Vor 12.000 Jahren…, Karlsruhe

Heinz, Marlies, 2014, Wissensbestände und Erkenntnisgewinn im Alten Orient, in Dux/ Rüsen, 2014

Hennings, Lars, 142017, Marx, Engels und die Teilung der Arbeit – Materialien zur Gesellschaftstheorie und Geschichte, Berlin; https://zenodo.org/record/843492#.Wbq_j4p CTdQ

Hennings, Lars, 2016, Von der Höhlenmalerei zur Hochkultur am Göbekli Tepe, Zur Soziologie früher Gemeinschaften, der Kognition und der Geschlechter im Jung-Paläolithikum, Berlin; (ISBN 978-3-8325-4250-4) auch: https://zenodo.org/record/51501#.Wdjo94pCTdQ

Hennings, Lars, 32020, Anfänge des Denkens #3c (3. Ausgabe) Materialien zu einer interdisziplinären Soziologie der Steinzeit – von der Höhlenmalerei zur Hochkultur am Göbekli Tepe, https://zenodo.org/record/3873138#.X3Xhvy-23OQ

Kauschke, Christina, 2012, Kindlicher Spracherwerb im Deutschen, Berlin

Kegel, Bernhard, 2015, Epigenetik, wie unsere Erfahrungen vererbt werden, Köln

Kenyon, Kathleen, 1957, Digging up Jericho, New York

Klann-Delius, Gisela, [2]2008, Spracherwerb, Stuttgart

Leroi-Gourhan, Andrè, 1975, Prähistorische Kunst – die Ursprünge der Kunst in Europa, Freiburg

Lévi-Strauss, Claude, 1994, Das wilde Denken, Frankfurt

Lévy-Bruhl, Lucien, (1910) 1926, Das Denken der Naturvölker, Wien/ Leipzig

Lévy-Bruhl, Lucien, (1922) 1959, Die geistige Welt der Primitiven, München

Lévy-Bruhl, Lucien, (1927) 1956, Die Seele der Primitiven, Düsseldorf/ Köln

Lévy-Bruhl, Lucien, 1949, Carnets, Paris; http://classiques.uqac.ca/classiques/levy_bruhl/ carnets/carnets.html

Lorblanchet, Michel, 1997, Höhlenmalerei – ein Handbuch, Sigmaringen

Mania, Dietrich, 1998, Die ersten Menschen in Europa (Sonderheft: Archäologie in Deutschland), Stuttgart

MPF Max-Planck-Forschung, Das Wissenschaftsmagazin der Max-Planck-Gesellschaft

MPG [Max-Pl.-Ges.], 2013, http://www.mpg.de/7450884/neandertaler-sprache

Müller, Klaus E., 1989, Die bessere und die schlechtere Hälfte, Ethnologie des Geschlechterkonflikts, Frankfurt/ New York

Munk, Katharina, 2011, Hg., Taschenlehrbuch Biologie, Zoologie, Stuttgart

Murdock, George P., 1967, Ethnographic Atlas, Pittsburgh

Neubauer, Simon/ Hublin, Jean-Jacques/ Gunz, Philipp, 2018, The evolution of modern human brain shape, in Science Advances 24.1.2018: Vol. 4, no. 1, eaao5961 DOI: 10.1126/sciadv.aao5961; http://advances.sciencemag.org/content/4/1/eaao5961

Nissen, Hans J., 1999, Geschichte Altvorderasiens, München

Nunn, Astrid, 2006, Alltag im alten Orient, Mainz

Owen, Linda R., 1995, Der Topos der Sammlerin bei den Inuit, in Frauen – Forschung – Archäologie, Hg., Brandt, Helga, Münster

Owen, Linda R., 1998, Frauen in der Altsteinzeit: Mütter, Sammlerinnen, Jägerinnen, Fischerinnen, Köchinnen, Herstellerinnen, Künstlerinnen, Heilerinnen, in Auffermann/ Weniger, 1998

Piaget, Jean/ Inhelder, Barbel, (1955) 1977, Von der Logik des Kindes zur Logik des Heranwachsenden, Freiburg

Roaf, Michael, 1998, Bildatlas der Weltkulturen: Mesopotamien, Augsburg

Röder, Brigitte/ Hummel, Juliane/ Kunz, Brigitta, 1996, Göttinnendämmerung: das Matriarchat aus archäologischer Sicht, Königsfurt

Röllig, Wolfgang, 2009, Das Gilgamesch-Epos, Stuttgart

Ronen, Avraham, 2012, The oldest burials and their significance, in Reynolds, Sally C./ Gallagher, Andrew, African Genesis: Perspectives on Hominin Evolution, Cambridge University Press

Rösler, Frank, 2011, Psychophysiologie der Kognition, Eine Einführung in die Kognitive Neurowissenschaft, Heidelberg

Roth, Gerhard, 2010, Wie einzigartig ist der Mensch? Die lange Evolution der Gehirne und des Geistes, Heidelberg

Roth, Gerhard/ Strüber, Nicole, 2015, Wie das Gehirn die Seele macht, Stuttgart

Row, Yong, 1988, Grundmerkmale der Kinderzeichnung, eine vergleichende Untersuchung koreanischer und deutscher Kinder bis zum 12. Lebensjahr, Giessen (Diss.)

Ruspoli, Mario, 1998, Die Höhlenmalerei von Lascaux, auf den Spuren des frühen Menschen, Augsburg

Schadewaldt, Wolfgang, 1958, Übers.: Homer, Die Odyssee, Hamburg

Schmidt, Klaus, 2008, Sie bauten die ersten Tempel – Das rätselhafte Heiligtum der Steinzeitjäger, Die archäologische Entdeckung am Göbekli Tepe, München

Schrenk, Friedemann, 2009, Vom aufrechten Gang zur Kunst – Die Entwicklung und Ausbreitung des Menschen, in Eiszeit, 2009

Schyle, Daniel/ Uerpmann, Hans-Peter, 1996, Das Epipaläolithikum des vorderen Orients, (2 Bde.) Teil II/ Band 2, Wiesbaden

Sellin, Ernst/ Watzinger, Carl, 1913, Jericho, die Ergebnisse der Ausgrabungen, Leipzig

Sirocko, Frank, Hg., 2010, Wetter, Klima, Menschheitsentwicklung – von der Eiszeit bis ins 21. Jahrhundert, Darmstadt

Snell, Bruno, 1975, Die Entdeckung des Geistes, Göttingen

Steinbach, Markus, 2008, Gebärdensprache und das Gehirn, in Fink/ Rosenzweig, 2008

Tomasello, Michael, 2006, Die kulturelle Entwicklung des menschlichen Denkens, Frankfurt

Tomasello, Michael, 2011, Die Ursprünge der menschlichen Kommunikation, Frankfurt

Tylor, Edward Burnett, 1873, Die Anfänge der Kultur, Leipzig

Unger-Dreiling, Erika, 1966, Die Psychologie der Naturvölker als historische Grundlagendisziplin, Wien

Uruk, 2013: Uruk – 5000 Jahre Megacity (Ausstellung im Vorderasiatischen Museum/ Pergamon Berlin), Begleitband

Vor 12000 Jahren in Anatolien, die ältesten Monumente der Menschheit, Karlsruhe 2007, Hg. Badisches Landesmuseum

Wallace, Alfred R., 1870, Beiträge zur Theorie der natürlichen Zuchtwahl, Hg. Meyer, Adolf B., Erlangen

Wenzel, Ulrich, 2000, Vom Ursprung zum Prozess – zur Rekonstruktion des Aristotelischen Kausalitätsverständnisses und seiner Wandlung bis zur Neuzeit, Frankfurt

Widlöcher, Daniel, (1965) 1993, Was eine Kinderzeichnung verrät, Methode und Beispiele psychoanalytischer Deutung, Frankfurt

Wunn, Ina, 2005, Die Religion in vorgeschichtlicher Zeit, Stuttgart

## *Kurzfassung des Gesamtkonzepts*

Nach Hinweisen auf die prozessorientierte Methode einer historischen Soziologie werden drei Typen des Homo sapiens des Jung-Paläolithikums vorgestellt: Ältere und Jüngere Wildbeuter¡nnen sowie die Sozial-differenzierte wildbeuterische sesshafte Gemeinschaft. Letztere steht für jene, die das Geistige Zentrum am Göbekli Tepe planen und errichten konnte, weil sie offensichtlich arbeitsteilig und hierarchisch strukturiert war. Die zentralen männlichen Götterfiguren in den Kreisbauten dort symbolisieren das; ähnliches gilt für den Turmbau von Jericho. Dagegen begannen noch sehr schlicht organisierte und denkende Leute die Höhlenmalerei und Schnitzerei. Da die Schädelform bei Homo sapiens erst vor 35.000 Jahren ihre heutige Kugelform erreichte, wurde es umso nötiger, die ersten Jahrtausende als besondere, frühe Form der Kompetenz zu untersuchen. Bei der Analyse von Kognition und Emotion wurden auch die Neurowissenschaften, Bewusstsein und psychische Entwicklung, einbezogen.

Piagets Stadien der kindlichen Ontogenese – die der individuellen Entwicklung des Präfrontalen Kortex folgen – geben Hinweise, dass die neue frühe Kommunikation (Schnitzerei, Malerei, Musik) nur mit Zeigen und Gebärden und noch ohne Sprech-Sprache entstehen konnten. Sie ging deutlich einher mit der Transformation der materiellen Kultur, an der Denken und Logik als historische Kompetenz sich ausbildet. Dazu wurde kontinuierlich schon früh die Sesshaftigkeit zur generellen Lebensform. Größere Siedlungen erforderten einen Lernprozess des Zusammenlebens, des Verzichts auf Aggression als Reaktion etwa auf Ehrverlust. Eine wichtige Bedeutung bekam die Institutionalisierung der Verwandtschaft von nur gefühlten Formen bei Mutter und Kind hin zur organisierten Stammesverfassung, die eine erhebliche Machterweiterung mit sich brachte. Speziell die alltägliche Macht, die Geschlechterdifferenz, der Prozess der Institutionalisierung und die Entwicklung des Religiösen werden als Movens dieser Gemeinschaften erkennbar. Sesshafte Wildbeuter¡nnen schufen am Göbekli Tepe die erste Hoch-Kultur, als die Folge des Endes der Eiszeit eine erweiterte Kognition verlangte. Hier, und nicht im Neolithikum, erleuchtet der menschliche Geist, dessen Entwicklung in den Stadtstaaten Sumers (und in Ägypten) erneut sichtbar wurde.